KB213164

내 머릿속은
왜 항상 복잡할까

Over
Thinking

과도한 생각, 걱정, 불안을 멈추는 심리 처방전

내 머릿속은 왜 항상 복잡할까

수잔 놀렌-혹스마 지음 | 나선숙 옮김

유노
라이프

너무 많은 생각이
나를 괴롭게 한다면

요즘 우리는 과거와 비교가 안 될 정도로 많은 기회를 누리고 있다. 이전 세대는 꿈도 꾸지 못했던 선택, 즉 어떤 사람을 만나 어떤 관계를 맺을지, 자녀를 낳을지 말지, 자녀를 언제 낳을지, 어떤 직업을 택할지, 어떤 방식으로 살아갈지 등을 보다 자유롭게 선택한다. 게다가 의학 발전 덕분에 더 건강하게 오래 살 수 있게 되었다. 지금 우리는 이전 세대보다 행복하고 자신감 넘치게 살아갈 이유가 충분하다.

그럼에도 어떤 사람들은 우울해한다. 복잡한 상념과 걱정이 이어져 생각의 늪이라는 소용돌이 속으로 빠져드는 것이다. 부정적인 생각과 감정은 우리 머리와 마음을 가득 채워 행복을 느끼지 못하게 가로막는다. 사실 우리 마음을 헤집어놓는 건 그리 특별한 문제도 아니다. 늘 하는 기본적인 걱정이다.

난 누구지? 내가 뭘 하고 있는 거지? 남들은 날 어떻게 생각할까? 난 왜 행복하지 않을까? 난 왜 만족스럽지 않을까?

이런 질문에 대한 답은 쉽게 혹은 빠르게 찾아지지 않는다. 그래서 우리는 답을 찾기 위해 머리를 감싸고 걱정한다. 심각해지고 기분이 어두워질수록 크고 작은 걱정거리가 점점 늘어난다.

난 왜 미래가 없는 회사에 이렇게 갇혀 있을까? 애인이 한눈팔지 않게 하려면 어떻게 해야 할까? 아이가 나쁜 짓을 하고 있는 건 아닐까? 난 엄마랑 있으면 왜 자꾸 화를 낼까?

좋았다가 나빠지기를 반복하며 빠르게 변하는 기분과 함께 이런 생각이 머릿속을 떠돌아다닌다. 하지만 좀처럼 어떠한 결론에도 이르지 못한다. 별것 아닌 사소한 사건들조차 몇 시간 혹은 며칠 동안 고뇌와 괴로움의 구렁텅이로 빠지는 계기가 된다.

상사가 비꼬는 말을 하면 그게 무슨 뜻이었는지 며칠을 전전긍긍하며 자괴감과 수치심에 시달린다. 친구와 체중에 대해 말하고 나면, 남들 눈에 비칠 자신의 모습을 불안해하고 그 친구가 왜 그런 무신경한 말을 했는지 계속 생각한다. 애인이 며칠 밤 대화도 없이 곯아떨어지면 그게 어떤 의미인지 밤새도록 고민한다. 지나간 것을 잊지 못하고 아직 오지 않은 미래에 대해 끊임없이 생각하는 것이다.

과도한 생각에 더 잘 빠지는 사람들

과도하게 생각에 집착하는 증상은 남자보다 여자들에게서 더 자주 발견된다. 내가 진행한 연구에서도 여자가 남자보다 더 쉽게 생각의 늪에 빠져 헤어 나오지 못한다는 점이 반복적으로 입증되었다.

여자들의 머릿속에서 집요하게 반복되는 생각의 소재는 외모, 가족, 직업, 건강 등 무엇이든 될 수 있다. 어떨 때 보면 이것이 여자로 태어난 숙명인 듯하다. 기본적으로 남을 보살피고 돌보는 기질을 지니고 있기 때문이다.

이것이 맞는 말이더라도, 생각이 과하면 해로운 독이 되는 건 분명하다. 생각이 너무 많은 탓에 문제를 해결할 능력과 의욕이 망가질 수도 있다. 그로 인해 친구들과 가족이 멀리 떠나기도 하고, 정신적으로 건강을 해치기도 한다. 심각한 우울증이나 불안을 호소하는 여자들이 남자들의 두 배나 되는데, 생각을 너무 많이 하는 것도 그 이유 중 하나인 것 같다.

하지만 그렇게 과도한 생각에 빠져 허우적댈 필요 없다. 정서적 과민 반응과 잦은 감정 변화의 테두리에서 벗어나, 자신이 겪고 있는 감정을 깨닫고 적절히 표현하는 방법을 배우면 된다. 이성으로 감정을 통제하고 마음이 동요되는 상황을 효과적으로 다룰 수 있을 것이다. 갈등과 혼란, 비극과 혼돈 속에서도 마음의 평화와 자신에 대한 믿음을 유지할 수 있으며, 최악의 폭풍우가 닥치더라도 꿋꿋하게 버티고 설 수 있을 것이다. 마음속 감정들을 스스로 관리할 수 있다는 얘기다.

생각의 소용돌이에 빠지지 않기 위해서

생각의 늪에서 벗어나는 것은 모래 늪을 탈출하는 것과 비슷하다. 이 끝없는 생각에서 탈출하려면 당신을 점점 밑으로 끌어내려 질식시키려고 하는 머릿속 생각의 지배력을 끊어내야 한다.

먼저 생각의 늪에서 빠져나와 더 높은 지대로 이동해야 한다. 그래야 상황을 더 분명하게 인지하고 앞으로 나아갈 방향을 선택할 수 있다. 그리고 다시 생각의 늪에 빠지지 않도록 만반의 대비를 갖춰야 한다. 이 책에서는 각각의 단계를 성취하는 데 필요한 실용적인 전략들을 차례차례 살펴볼 것이다.

지난 20년간 연구해온 바에 의하면, 건강한 생활 비법 중 하나는 부정적인 감정이 삶을 지배하고 우리 노력을 갉아먹지 않도록 저지하는 것이다.

부정적인 감정이 우리의 생각과 행동에 미치는 영향력은 실로 엄청나다. 마음이 슬프면 뇌는 슬픈 생각과 기억을 더 많이 찾아낸다. 현재 상황에 대해서도 보다 슬픈 쪽으로 해석하고, 움직임이 느려지면 의욕도 줄어든다. 집중하기 힘들고, 결정하기 힘들고, 성취하기도 힘들다. 다시 말해서 슬픔을 관리하지 못하고 커지도록 내버려두면, 절망과 자기 혐오에 빠져들어 옴짝달싹 못하게 될 수도 있다는 것이다.

불안도 마찬가지다. 불안하면 갖가지 위협이 아주 쉽게 머릿속으로 쳐들어온다. 실제로는 존재하지 않는 위협, 예를 들면 암에 걸리거나 애인이 바람을 피울 것 같은 위협까지 포함된다.

이런저런 불안 때문에 마음이 안정되지 않고, 오래 정신을 집중할 수가 없어서 무얼 어떻게 해야 할지 판단하기도 어렵다. 몸이 떨리고, 뱃속이 꼬이고, 심장이 쿵쾅거린다. 불안 때문에 갑자기 충동적으로 행동하기도 하고, 반대로 겁이 나서 아무런 행동을 하지 않기도 한다. 불안을 관리하지 못하면, 정신적인 흥분 상태가 지속되기 때문에 몸은 지치고 대수롭지 않은 상황조차 감당하기 벅차다고 느낄 수 있다.

슬프거나 불안하거나 화난 상태로 너무 많이 생각하면, 그 기분으로 인해 생겨난 생각이 머릿속 대부분을 차지한다. 문제가 되는 사건이나 상황을 수없이 반복해서 생각하고, 더 심각하게 받아들이고, 그게 당신의 결정을 좌지우지한다. 부정적인 믿음과 나쁜 결정이 정신건강과 신체 건강뿐 아니라 일상생활에서 제대로 기능하는 능력까지 손상시켜 인생을 망가뜨릴 수 있다.

우리는 오만가지 상황에 대해 너무 많이 생각한다. 누군가를 잃었거나 충격을 받은 사건에 대해서는 물론이고, 사회생활을 하면서 마주하는 경쟁과 성공, 타인과의 갈등, 성적인 만족, 연인과의 사이에 생겨나는 문제 등 우리를 생각의 늪으로 끌고 들어가는 주제는 수없이 많다. 그것들이 자신의 자존감이나 삶의 중요한 관계들과 맞닿아 있는 근심 걱정이기 때문에 쉽게 관심을 떼어낼 수가 없다. 어째서 이런 생각들을 피해야 하는지, 어떻게 피해야 하는 건지 판단이 서지 않을 수 있다.

하지만 과도한 생각은 문제에 대처하는 능력을 무력화시킨다. 자존감을 손상시키고, 현명하지 못한 결정을 내리게 만든다. 이 책에서 우리를 과도한 생각으로 끌고 가는 일반적인 상황이나 주제 그리고 이런 생각들을 깨부수고 걱정을 보다 효과적으로 다루는 전략에 초점을 맞출 것이다.

내 머릿속은 지금 어떤 상태일까?

　스스로 너무 많이 생각하는 편인지, 부정적인 생각에 갇혀 있는 성향인지 간단히 평가해볼 수 있는 테스트가 있다.

　속상하거나, 슬프거나, 우울하거나, 불안할 때 당신은 어떻게 반응하는가? 아래의 각 항목에 대해 '전혀 아니다', '가끔 그렇다', '자주 그렇다', '항상 그렇다' 중 선택해 당신이 나타내는 반응을 평가해보자. 단, 어떤 식으로 반응하겠다는 당신의 생각이 아니라 실제로 당신이 하는 행동을 근거로 답을 해야 한다.

1. 외로운 느낌에 대해 생각한다

　□ 전혀 아니다　□ 가끔 그렇다　□ 자주 그렇다　□ 항상 그렇다

2. 피곤하거나 아픈 느낌에 대해 생각한다

　□ 전혀 아니다　□ 가끔 그렇다　□ 자주 그렇다　□ 항상 그렇다

3. 정신 집중이 잘 안 되는 것에 대해 생각한다

　□ 전혀 아니다　□ 가끔 그렇다　□ 자주 그렇다　□ 항상 그렇다

4. 소극적이고 의욕이 없는 것에 대해 생각한다

　□ 전혀 아니다　□ 가끔 그렇다　□ 자주 그렇다　□ 항상 그렇다

5. '난 왜 안 될까?'라고 생각한다

　□ 전혀 아니다　□ 가끔 그렇다　□ 자주 그렇다　□ 항상 그렇다

6. 최근에 있었던 일을 반복적으로 생각하며, 그 상황이 다른 식으로 흘러갔기를 바란다

　□ 전혀 아니다　□ 가끔 그렇다　□ 자주 그렇다　□ 항상 그렇다

7. 슬프거나 불안한 느낌에 대해 생각한다

　□ 전혀 아니다　□ 가끔 그렇다　□ 자주 그렇다　□ 항상 그렇다

8. 나의 결점, 결함, 잘못, 실수들을 생각한다

　□ 전혀 아니다　□ 가끔 그렇다　□ 자주 그렇다　□ 항상 그렇다

9. 아무것도 할 기분이 나지 않는 것에 대해 생각한다

　□ 전혀 아니다　□ 가끔 그렇다　□ 자주 그렇다　□ 항상 그렇다

10. '난 왜 상황을 더 잘 다루지 못할까?'라고 생각한다

　□ 전혀 아니다　□ 가끔 그렇다　□ 자주 그렇다　□ 항상 그렇다

　만약 열 가지 모두 '전혀 아니다'라고 답했거나 한두 가지에만 '가끔 그렇다'라고 답했다면 당신은 이미 생각의 늪으로 빠져들지 않을 자신만의 탁월한 전략을 알고 있는 것이다. 서너 가지 이상의 항목에 '자주 그렇다', '항상 그렇다'라고 답했다면, 삶을 효과적으로 관리하기보다 자신의 인생과 감정에 대해 안달복달하는 성향일 가능성이 크다.

차례

1부　내 머릿속이 항상 복잡한 이유

1장

"생각이 너무 많은 건 병이다"
과도한 생각이 낳는 문제들

2장
"꼬리에 꼬리를 무는 생각 사이클"
우리가 계속 생각하는 이유

3장
"섬세한 사람이 생각에 더 빠져든다"
생각에 대한 여자와 남자의 차이

1부

내 머릿속이
항상 복잡한 이유

———

과도한 생각이란 무엇이고 어디에서부터 생겨나는 걸까? 1부에
서는 우리의 머릿속을 복잡하게 만드는 과도한 생각과 그 부정적
인 결과 그리고 생각의 늪에 빠져 힘겨워하는 사람들의 사례를
소개할 것이다.

Over
Thinking

1장

"생각이
너무 많은 건
병이다"

———

과도한 생각이 낳는 문제들

생각을 빵처럼
부풀리는 사람들

항상 머릿속이 복잡한 사람은 부정적인 생각과 느낌을 반복해서 검토하고 살펴보고 의심한다. 그야말로 밀가루 반죽처럼 그것들을 주물러댄다. 최근에 생긴 친구와의 갈등에 대해 생각한다고 치자. 당신은 다음과 같이 생각할 것이다.

그 애가 나한테 어떻게 그런 말을 할 수 있지? 무슨 뜻으로 그런 말을 했을까? 내가 어떻게 반응해야 할까?

때로는 이런 질문에 금세 대답을 찾기도 한다. '그때 기분이 안 좋아서 그랬던 거야. 기분 나쁘면 아무한테나 그러잖아. 그냥 신경 쓰지 말자.' 또는 '이건 그냥 못 넘어가. 내가 정말 화났다는 걸 알려줘야겠어.'라는 결론을 내린 후 다른 일로 관심을 돌린다.

하지만 과도한 생각에 빠지면, 질문이 또 다른 질문들로 꼬리에 꼬리를 물고 이어진다. 나는 이것을 '이스트 효과Yeast effect'라고 부른다.

개한테 화를 내도 괜찮을까? 내가 제대로 반박하지 못하면 어쩌지? 그 애가 날 어떻게 생각할까?

이스트를 넣은 빵 반죽이 두 배로 커지듯 부정적인 생각이 점점 크게 자라 머릿속 거의 모든 공간을 차지하기 시작한다. 처음에는 특정 사건에 대해 생각했던 것이, 삶의 다른 사건이나 상황에 대한 생각으로 확장되고 자기 자신에 대한 심각한 질문으로까지 이어진다. 시간이 흐르면서 생각은 점점 더 부정적인 쪽으로 향한다.

이 정도 갈등도 감당하지 못하면서 내가 어떻게 회사 일을 해낼 수 있다는 거야? 생각해보면 난 늘 당하기만 해. 지긋지긋해. 하지만 이제 와서 뭘 어떻게 할 수 있겠어? 난 아무 힘도 없어. 난 분노를 어떻게 풀어야 하는지 배운 적 없어. 하긴 우리 부모님도 분노 조절을 잘 못했지.

일상생활 속 흔히 하는 과도한 생각overthinking

이탈리아 이주민의 딸인 쉰다섯 살의 이혼녀 프래니는 자주 이스트 효과에 무너진다. 주로 직업으로 삼고 있는 조경 설계사 일에 대한 생각이 그 시발점이다. 요구가 까다롭고 쉽게 만족하지 않는 부유한 고객들이 많기 때문에 그녀는 자신의 디자인을 마음에 들어 할지 아닐지가 늘 불안하다.

프래니는 최근 한 고객과 나눴던 대화에 대해 생각하기 시작했다.

좀 더 설득력 있게 내 아이디어를 설명했어야 했어. 좀 더 강하게 밀고 나갔어야 했다고. 그 고객이 걸고넘어진 문제들은 앞뒤가 안 맞아. 그런데도 난 고개를 숙인 거야. 그 고객이 "어쩌면 가능할 수도 있겠다."라고 했는데, 무슨 뜻이었을까? 왜 그때 바로 무슨 뜻이냐고 물어보지 못했을까? 난 정말 겁쟁인가 봐!

그러다 그녀의 생각은 과거에 그녀의 설계를 반대했던 고객들에 대한 기억으로 넘어갔다.

전에 내 설계를 재미없다고 말했던 고객이 있었지. 자기가 뭘 안다고 그런 소리를 해? 내가 왜 그걸 참고 넘어갔을까? 결국 그 고객은 내 설계를 받아들였잖아. 괜히 날 겁주려고 물고 늘어진 것뿐인데….

프래니의 설계를 마음에 들어 한 고객들이 훨씬 더 많지만, 그녀의 생각은 언제나 좋은 기억보다 나쁜 기억 쪽으로 향한다. 무언가 혹은 누군가가 이런 생각을 방해하지 않으면, 그녀의 생각은 결국 남자친구 앤드류와의 관계에까지 이른다.

앤드류는 고급 채식주의 레스토랑 체인을 운영하는 성공한 사업가다. 프래니는 그가 자신을 어떻게 생각하는지에 대해 끊임없이 고민한다.

앤드류는 어떤 여자든 원하면 만날 수 있어. 잘생기고 돈도 많고 매력적이니까. 그런데 어쩌자고 내가 지난주에 그런 짓을 저질렀을까. 일광욕을 하다가 화상을 입고 술에 취하다니. 비틀거리고, 혀가 꼬이고, 그의 친구들 앞에서 민망한 모습을 보였으니.

앤드류에 대한 생각은 이제 자신의 성적 매력과 건강 상태, 스무 살 난 아들에 대한 생각으로까지 흘러간다. 물론 그녀의 삶에 긍정적인 일도 많다. 지난주에 아들과 즐거운 저녁식사를 했고, 건강 검진 결과 아무 이상이 없다는 통보를 받았다.

하지만 프래니의 생각은 주로 불행한 쪽에 집중된다. 백혈병에 걸린 엄마, 며칠 전 앤드류와의 관계, 아들이 술을 너무 많이 마시는 것 같다는 걱정 등 프래니의 생각은 여기저기로 옮겨 다닌다.

걱정해봤자 사실 해결되는 일도 없는데 그런 생각들이 어떻게든 서로 연결되어 있는 듯하다. 그런 일이 계속된다면 결국 앤드류와의 관계가 망가지고 그녀의 직업과 건강에도 피해가 생길 것이다. 다행히 이제부터라도 뒤에 나오는 생각 덜어내기 전략을 활용하면 이 수렁에서 벗어나 더 나은 삶을 살 수 있을 것이다.

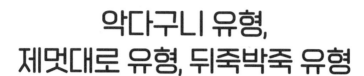

악다구니 유형,
제멋대로 유형, 뒤죽박죽 유형

과도한 생각에 빠지는 사람들은 기본적으로 세 가지 유형으로 나뉜다. 한 가지 유형만 지닌 사람도 있지만, 세 가지 유형 모두 지닌 사람들도 많다.

1. 악다구니 유형 Rank-and-rave overthinking

우리에게 가장 익숙한 유형으로, 보통은 자신이 당했다고 생각하는 억울한 사건을 중심으로 생각의 늪에 빠진다. 상처받은 자신의 정당성을 주장하며, 그 상처를 가한 사람들에게 똑같이 잔인하게 갚아주겠다고 다짐하는 데 생각이 집중된다.

내가 대학원에 떨어지다니 믿을 수가 없어. 나보다 자격 조건에 못 미치는 사람들도 합격했는데 어떻게 내가 떨어져? 분명 부모가 학교 졸업생이라서 붙여준 걸 거야. 난 정말 열심히 노력했다고. 당연히 붙을 자격이 있어. 그 사람들이 실수한 거야. 자기들이 무슨 짓을 하고 있는지 모르겠지. 그게 아니라면 잘못된 편견 때문이고. 그 자식들 다 고소하고 싶어!

진짜 당신이 옳고 당신에게 해를 끼친 그 사람들이 잘못일 수는 있다. 하지만 이 유형의 사람들은 '상대편 입장'에 대해서는 전혀 고려하지 않은 채 상대방을 무조건 지독한 악당으로 묘사하는 경향이 있다. 간혹 그 악당을 응징하고 싶은 마음에 자신에게 피해가 돌아올 수 있는 충동적인 행동을 저지르기도 한다. 승소 가능성도 없는데 비싼 돈을 들여서 고소하거나 폭력을 휘두르는 것 같은 일 말이다.

2. 제멋대로 유형 Life-of-their-own overthinking

처음에는 기분이 별로 안 좋거나 최근 사건을 곰곰이 생각하는 것 같은 일반적인 상황에서 시작한다. 그러다 차츰 자신이 왜 그런 느낌이 드는지 원인을 찾으려고 파고든다.

왜 이렇게 우울한 거지? 친구가 없어서일까 다이어트에 실패해서일까? 아니면 과거에 일어난 모든 일들 때문에? 어쩌면 회사에서 이리저리 치여서일 수도 있어. 엄마가 계속 나한테 안 좋은 소리를 해서 그럴 수도 있고. 내 인생이 원하는 대로 흘러가지 않아서 이런가?

생각을 너무 많이 하다 보면 자신이 말하는 이유가 죄다 그럴듯하게 느껴진다. 그 모든 이유에 고개를 끄덕이고, 그중에서 가장 극적이면서도 설득력 있는 내용을 답으로 채택한다.

하지만 이런 식으로 생각에 빠져들다가는 존재하지도 않는, 또는 생각만큼 그리 심각하지 않은 문제까지 끄집어내서 일을 키우는 경우가 있다. 말하자면 생각이 자기 멋대로 날뛰는 것이다. 그래서 스스로 심각하게 느끼는 문제에 대해 잘못된 결정을 내리기도 한다. 때로는 불쾌한 기분과 과장된 걱정 때문에 다른 사람에게 마구 대들거나, 직장이나 학교를 그만두거나, 약속을 취소한다.

3. 뒤죽박죽 유형 Chaotic overthinking

하나의 문제를 생각하고 다른 문제로 나아가는 게 아니라, 별 상관도 없는 온갖 걱정들이 동시에 한데 엉키는 경우다.

회사 일이 너무 부담스러워. 어떻게 해야 할지 모르겠어. 난 정말 형편없는 직원이야. 다음 주에 남편이 또 출장 간다고 했는데, 너무 잦은 것 같아. 또 나 혼자 아이들을 책임져야 돼. 그 사람은 가족보다 자기 일이 더 우선인 거 같아. 하지만 뭐라고 불평할 수도 없어. 그랬다가 사랑이 식어서 집에 계속 안 들어오려고 하면 어떡해. 아, 제대로 되는 게 하나도 없네. 엉망진창이야. 도대체 어떻게 해야 할까?

생각이 이렇게 뒤죽박죽 섞이면, 자신이 어떤 느낌인지, 어떤 생각을 하는지 명확히 파악할 수 없어 어느 방향으로도 나아가지 못한다. 갈피를 잡지 못하다가 결국 스스로 무너지거나 도망치고 만다. 한 가지 걱정이나 행동에 초점을 맞출 수 없기 때문에 머릿속에 뒤엉켜 있는 생각들을 잊으려고 술을 마시거나 약에 의존할 수도 있다.

생각은 '왜곡된 렌즈 효과'를
불러일으킨다

생각이 너무 많은 것과 단순한 걱정을 혼동하는 사람들이 많다. 걱정에는 '만약'이라는 가정이 포함되어 있다. 즉 일어날 수 있는 일을 예상하며 걱정하는 것이다. '내가 말을 잘못하면 어쩌지? 학교를 졸업하지 못하면 어쩌지? 오늘 하루 재수가 나쁘면 어쩌지?' 등 걱정을 달고 사는 사람들은 혹시라도 잘못될 수 있는 모든 상황을 예상하고, 자신이 해야 할 일을 생각하고, 해야 할 일을 해낼 수 없을까 봐 걱정하며 엄청난 에너지를 소비한다.

생각이 너무 많은 사람들도 걱정을 달고 산다. 하지만 이들은 걱정만 하지 않는다. 앞으로 일어날 수 있는 일이 아니라 과거에 일어났던 일들, 즉 과거에 있었던 사건이나 과거에 했던 행동, 다른 식으로 흘러갔길 바라는 지난 상황들에 초점을 맞춘다.

걱정이 많은 사람들은 앞으로 나쁜 일이 일어날 거라는 불안감에 전전긍긍하지만, 생각이 너무 많은 사람들은 나쁜 일이 이미 일어났다고 확신한다. 생각에 생각을 거듭하다가 자신이 별 볼 일 없는 직장에 갇혀 있다거나, 결혼 생활에 문제가 생겼다거나, 친구들이 사실 자신을 좋아하지 않는다거나, 자신이 남들보다 한참 모자란 사람이라고 확신하게 되는 것이다.

　　생각이 너무 많은 것은 강박증과도 다르다. 강박증을 지닌 사람들이 강박적인 생각에 사로잡히긴 하지만, 그 생각은 주로 외적인 사건이나 상황에 집중된다. 게다가 스스로 그 생각을 불편하고 반갑지 않은 것으로 인식한다.

　　예를 들어, 세균에 강박증이 있는 사람은 자신이 만지는 모든 것이 세균이나 박테리아나 먼지로 오염되었다고 믿기 때문에 무엇이든 맨손으로 만지지 않으려고 한다. 하루에 수십 번 수백 번 손을 씻어도 손이 지저분하게 오염되었다는 생각에서 벗어날 수 없다.

　　강박증을 지닌 사람들은 자신이 했거나 하지 않은 특정 행동에 관해 지속적으로 의심한다. 가스레인지를 껐는지, 창을 잠갔는지, 내가 모르는 사이에 누군가를 차로 치지는 않았을지를 걱정한다. 강박장애가 없는 사람들에게 그런 의심은 괴상하게 느껴질 뿐이다. 자기 차에 누군가가 치였다면 어떻게 모르겠는가?

　　강박장애를 겪지 않는 사람들은 이런 생각들에서 쉽게 벗어날 수 있다. 하지만 강박장애를 겪는 사람들에게 그런 의심을 떨치거나 남들이 사소하게 여기는 다른 강박적인 생각들에서 벗어나는 것은 지극히 힘든 일이다.

생각이 많은 것과 생각이 깊은 것은 다르다

생각이 너무 많은 것을 '생각이 깊은' 것과 헷갈려서도 안 된다. 내가 생각이 너무 많은 것의 문제점을 말하면, 사람들은 자주 이렇게 반응한다.

"자신의 감정을 잘 파악하고 그 뒤에 깊이 숨겨진 문제를 인식할 수 있다면 좋은 거 아니에요? 그보다는 생각을 안 하는 게 더 문제 아닌가요? 그것은 자신의 문제와 과거를 외면하려 한다는 뜻이니까요."

때때로 부정적인 감정은 우리가 어떤 문제를 직시하고 있다는 단서가 되기도 한다. 부정적인 감정과 생각을 상당 부분 차단하는 사람들의 경우(이 과정을 '억제'라고 부른다), 결국 신체적으로 이상이 나타날 수 있다는 연구 결과가 속속 밝혀지고 있다. 고질적인 억제는 고혈압과 심장질환으로 이어질 수 있으며, 면역체계 이상과도 관련이 있는 것으로 보인다.

이런 억제를 해결하는 방법은 자신이 갈등을 효과적으로 다루지 못한다는 점을 인정하고 부정적인 감정들을 진지하게 받아들이는 것이다. 이러한 내적 성찰을 거쳤을 때 보다 건강하고 행복한 삶을 구축해 나갈 수 있다.

하지만 부정적인 감정을 느끼는 것이 꼭 진실하고 깊게 문제를 직시한다는 뜻은 아니다. 부정적인 감정은 세상을 바라보는 깨끗한 창을 제공하는 게 아니라, 좁고 왜곡된 시선으로 바라보게 하는 렌즈가 되기도 하기 때문이다. 이것을 나는 '왜곡된 렌즈 효과'라고 부른다.

과거와 현재를 있는 그대로 바라보는 대신, 그 렌즈는 우리가 보고 싶어 하는 것만 보게 만든다. 과거의 안 좋은 사건, 현재 상황의 부정적인 측면, 미래에 잘못될 수 있는 일…. 부정적인 기분은 우리의 뇌에 대고 "이 끔찍한 사건을 봐! 이 슬픈 상황을 봐! 다른 긍정적인 부분은 쳐다보지 마!"라고 소리친다.

예를 들어 브루클린에서 종업원으로 일하는 쉰 살 샌디는 항상 이런 생각에 빠져든다.

기분이 약간 울적해지면 비슷한 느낌 서너 가지가 항상 따라붙어. 나의 뇌가 그쪽으로 달려가는 것 같아. 나한테 친구가 별로 없다거나 나를 지지해주는 사람들이 많지 않다는 생각에 빠지게 되는 것 같아. 기분 좋을 때는 별로 그런 생각을 하지 않는데 말이야.

이렇듯 생각이 너무 많으면 부정적인 기분이 만들어 낸 왜곡된 렌즈를 통해 모든 것을 바라보게 된다. 이 렌즈는 뇌 속의 부정적인 교점으로 가는 길을 환히 비추며, 이 길은 모두 부정적인 기분으로 연결되어 있다. 그래서 하나의 교점을 지나면 또 다른 부정적인 교점이 불을 밝혀 당신을 잡아끈다.

예를 들어 당신은 아들과 말다툼했던 일을 생각하기 시작한다. 그러다 욱하는 성미와 그것을 통제하지 못하는 자신의 한심함으로 생각이 이어진다. 그러다 아버지의 발끈하던 성질이 생각나고 당신의 어린 시절이 그리 순탄치 않았다는 생각이 든다.

그리고 불안했던 어린 시절이 현재 불안한 당신의 직장 생활과 연결된다. 직장 생활을 생각하다 보니 무능한 상사들의 이름이 하나하나 떠오른다. 얼마 지나지 않아 당신의 머릿속은 부정적인 기억과 생각이 수두룩하게 쌓인다. 이런 부정적인 생각이 형편없는 결정으로 이어지기도 한다.

생각이 너무 많은 사람들은 삶의 의미나 자신의 가치, 만나는 사람과의 미래 같은 커다란 주제에 대해서도 생각한다. 문제는 부정적인 기분이 생각에 영향을 미칠 경우, 그 커다란 주제에 대한 견해가 왜곡될 수 있다는 점이다. 하지만 자신의 생각이 너무 과하다는 것을 깨닫고 극복할 전략을 개발한다면, 그런 커다란 문제를 훨씬 의미 있고 효과적인 방식으로 숙고할 수 있을 것이다.

지진을 잊은 사람과
지진을 잊지 못하는 사람

지난 20년간 삶의 여러 단계에 있는 사람들을 대상으로 수십 가지 연구를 진행했다. 그 결과 생각이 너무 많으면 다음과 같은 부작용이 일어날 수 있다는 걸 알게 되었다.

✅ 사는 게 더 힘들어진다.

자신이 당면한 스트레스가 더 크게 느껴지고, 적절한 문제 해결책을 찾는 게 어렵게 느껴진다. 스트레스에 끊임없이 민감하게 반응한다.

✅ 연인에게 상처를 입힌다.

상대방이 짜증스러워하고, 심지어 이별을 선언할 수도 있다. 그런데 정작 본인은 관계를 개선하기 위해 어떻게 해야 하는지 모른다.

☑️ 우울증, 심한 불안, 알코올 의존증 같은 정신 이상으로 이어질 수 있다.

불안은 결국 우울로 이어진다

스탠퍼드 대학 교수 시절에 실시한 연구에서, 생각을 너무 많이 하는 것이 충격적인 사건에 대한 사람들의 반응에 매우 큰 영향을 미친다는 사실이 증명되었다.

1989년 10월 샌프란시스코 베이 에리어에 규모 7.1의 지진이 발생했다. 이 지진은 샌프란시스코를 초토화시켰던 1906년 지진 이후로 북부 캘리포니아에서 일어난 가장 강력한 지진이었다.

62명이 사망하고 3,757명이 부상을 당했으며 12,000명이 집을 잃었다. 18,000채 이상의 가옥과 2,575개의 사업체들이 피해를 입었다. 주요 고속도로 상갑판이 무너져내려 사람들을 깔아뭉갰고 샌프란시스코 마리나 지구에서 일어난 화재는 몇 시간 동안 이어져 맹렬하게 불타올랐다. 샌프란시스코와 이스트 베이의 주요 연결로인 베이 브리지 구역은 붕괴되어 다리를 이용할 수 없게 되었다.

이 지진은 곱씹어 생각하기에 아주 좋은 소재였다. 마리나 지구의 활활 불타는 집들, 지진이 휩쓸고 간 밤거리에 부상당해 누워 있는 사람들, 베이 브리지가 무너질 때 샌프란시스코만으로 떨어질 뻔했던 자동차들, 지진이 일어난 며칠 후 갑자기 무너져 사람들을 덮쳤던 건축자재들, 이 모든 참혹한 장면의 사진들이 몇 주일 동안 언론을 도배했다.

거의 모든 사람들이 지진으로 인해 어떤 식으로든 영향을 받았다. 부상당한 사람도 있고, 집과 재산에 큰 피해를 입은 사람도 있고, 가족이나 친구들이 부상당하거나 재산 피해를 입은 사람들도 있었다.

우연찮게 지진이 일어나기 며칠 전, 나는 조교와 함께 연구 차원에서 스탠퍼드 학생 200여 명에게 우울증과 불안 정도를 측정하는 설문지를 작성하게 했다. 그 학생들에게 다시 연락해 그들이 설문에 답했던 내용이 지진에 대한 감정적인 반응과 어떤 식으로 이어져 있는지 확인하고 싶었다.

지진 발생 열흘쯤 후, 지진 전에 설문지를 작성했던 학생 중 137명을 찾아 또 하나의 우울증 측정 설문지를 나눠주었다. 개인적으로 부상당하거나 재산 피해를 입었는지, 가족이나 가까운 친구가 부상당하거나 재산 피해를 입었는지 등 지진에 관련된 경험에 대해서도 물었다. 지진 발생으로 심한 스트레스를 겪은 학생들이 우울한 상태로 빠져들 가능성이 더 크리라 여겼기 때문에, 스트레스 정도를 확인해야 했다.

지진 발생 7주 후인 12월에 우린 다시 그들을 찾아가 생각이 많은 사람이 그렇지 않은 사람보다 여전히 더 우울한 상태인지 알아보았다.

실제로 생각을 너무 많이 하는 사람들은 지진에 대해 단기적으로나 장기적으로나 우울증 반응을 보였다. 지진 발생 전에 얼마나 우울한 상태였는지 혹은 지진으로 인해 얼마나 큰 스트레스를 받았는지 상관없이 지진 발생 전에 생각을 너무 많이 하는 경향이었던 학생들은 지진 발생 열흘 후와 7주 후에도 우울증적 요소를 나타내는 확률이 높았다. 게다가 고질적으로 생각이 너무 많은 이들은 불안, 무감각, 위험에 대한 경계심 같은 외상 후 스트레스 장애의 징후들을 더 많이 지니고 있었다.

생각에서 빠져나오지 못하는 사람, 생각에서 빠져나오는 사람

열여덟 살 질은 생각이 너무 많은 학생이었다. 지진이 일어나던 날, 그녀는 기숙사 방에서 룸메이트와 수다를 떨고 있었다. 사실 그들이 생활하는 기숙사 방은 규모 8.0 지진에도 버틸 수 있게 설계되었기 때문에 캠퍼스에서 꽤 안전한 장소에 속했다. 그럼에도 지진이 일어난 순간 기숙사 건물이 흔들리고 기울었다. 질은 지진을 겪은 후 깊고 깊은 생각에 빠져들었다.

지진을 처음 겪은 것도 아닌데 왜 극복하지 못하는 걸까? 생각이 머리에서 떠나질 않아. 자꾸 땅이 흔들리던 그 순간이 떠올라. 책장이 룸메이트를 덮칠 뻔했어. 그 친구가 죽을 수도 있었는데 난 아무것도 하지 않았어. 어떻게 해야 할지 알았잖아. 지진이 일어나면 어떻게 해야 하는지 엄마 아빠가 귀에 못이 박히도록 일러줬잖아! 난 왜 이럴까.

그에 비해 질의 룸메이트 레일라는 생각을 많이 하는 편이 아니었다. 지진이 시작되었을 때 그녀는 책장이 그녀가 앉아 있던 침대로 떨어지기 직전 방구석으로 간신히 피했다. 지진이 일어난 직후에는 겁에 질려서 아무 말도 하지 못했으며, 기숙사의 다른 학생들처럼 며칠 동안 쉴 새 없이 지진 얘기를 했다.

하지만 일주일이 지나자 레일라는 지진에 대한 얘기가 지겨워졌다. 삶이 예전과 같은 일상으로 되돌아가길 바랄 뿐이었다. 게다가 지진으로 중간고사가 연기된 것이 짜증났다. 지진 발생 날에는 화학시험을 잘 볼 수 있을 것 같았는데 이제 다시 시험 준비를 해야 했기 때문이다.

레일라는 무엇보다 지진에 대한 느낌을 끝없이 말하는 질의 말을 듣는 게 지겨웠다. 질은 그 사건을 그냥 놓아버릴 수 없는 모양이었다. "네가 죽을 뻔했는데 아무것도 못했어."라며 레일라에게 미안해하고 계속 자책했다. 레일라는 책장이 넘어진 것은 누구의 책임도 아니며 자신은 괜찮다고, 조만간 질도 괜찮아질 거라고 말했다. 하지만 질은 그 후로도 괜찮아지지 않았다.

3주가 지났을 무렵, 여전히 지진 얘기에 매달려 있는 질에게 레일라는 버럭 화를 내며 그만 좀 하라고 소리쳤다. 이것은 질에게 큰 상처가 됐다. 질은 지진으로 충격을 받은 자신이나 부상자, 집을 잃은 이들에 대해 어떻게 그렇게 무신경하냐며 레일라를 비난했다.

레일라는 더 심한 말을 퍼붓고 방을 뛰쳐나갔고 그날 밤 돌아오지 않았다. 그들은 남은 학기 동안 계속 룸메이트로 지냈지만 서로에게 말을 하지 않았고, 다음해 1월 질은 다른 방으로 이사했다.

질과 레일라의 사례는 생각을 너무 많이 하는 사람과 그렇지 않은 사람이 같은 상황에서 얼마나 다르게 반응하는지, 그들이 사이좋게 지내기가 얼마나 어려운지 설명해준다.

평범한 사람들은 생각이 너무 많은 사람들이 왜 그 일을 극복하지 못하는지, 왜 그렇게 조바심내고 집착하는지, 왜 그냥 떨쳐버리지 못하는지 도무지 이해하지 못한다. 생각이 너무 많은 사람도 다른 사람들이 자신을 이해하지 못한다고 느낀다. 동정심도 없고, 인정머리도 없고, 깊이도 없다고 느끼는 것이다.

이별을
인정하고 싶지 않은 마음

사랑하는 사람이 죽었을 때 남은 사람들이 큰 슬픔에 빠져 우울증 증상을 보이는 것은 드문 일이 아니다. 하지만 극심한 우울증이 몇 개월, 몇 년 이상 지속된다면 삶 자체가 망가질 수 있다.

생각이 너무 많은 사람들은 사랑하는 사람을 잃은 후 오래도록 심한 우울증에 시달릴 가능성이 크다. 대인관계가 나빠지고, "나한테 왜 이런 일이 일어났을까?"와 같은 심오한 질문에 대답하는 것도 더 힘들어진다.

나는 유가족 상담 교육을 전문으로 하는 치료자, 주디스 라슨 박사와 함께 유가족 대응 프로젝트를 실시했다. 5년에 걸쳐 암과 같은 난치병과 에이즈, 심장병 등으로 사랑하는 이를 잃은 사람들 약 500명과 인터뷰했다.

질병으로 배우자를 잃은 뒤 50년간 함께하는 이 없이 혼자서 삶을 꾸려나가려고 노력한 노인도 있었고, 부모나 형제를 잃은 지 몇 개월이 지났는데도 여전히 극심한 충격에서 헤어나오지 못하는 사람도 있었다(이들의 친구와 동료들은 그들이 왜 아직까지 상실감을 극복하지 못하는지 알 수 없어했다). 살날이 얼마 남지 않은 친구의 곁을 지키려고 좋은 직장을 포기한 사람도 있었고, 에이즈로 죽어가는 아들을 돌보기 위해 남부 캐롤라이나나 뉴저지, 아이오와에서 달려온 나이든 어머니의 가슴 아픈 사연도 있었다.

이 사람들을 통해 우린 생각이 너무 많은 사람들이 삶에서 중요한 누군가를 잃었을 때 특히 힘들어질 수 있다는 것을 알게 되었다. 사랑하는 사람을 돌보는 동안, 그리고 그 사람이 세상을 떠난 직후와 18개월이 지날 때까지 보통 이상의 우울증적 징후들을 드러냈다.

이것은 일반적인 유가족들이 느끼는 슬픔과 고통의 정도가 아니다. 그들의 45퍼센트는 상실을 겪는 시기 즈음 우울증의 가장 심각한 형태 중 하나인 '주요 우울장애'로 진단받을 만큼 심한 우울증 증세를 지니고 있었다. 보통 사람에게도 상실을 겪은 시기와 그 후 1년 반에 걸쳐 우울증과 비슷한 징후가 나타날 수 있지만, 대부분 이런 증상은 그리 강하거나 오래 지속되지 않는다.

언니를 잃은 동생의 끝없는 생각

마흔일곱 살 물리치료사인 카렌은 생각의 늪에 빠져 거의 죽을 뻔했다. 카렌의 언니 아만다는 유방암으로 세상을 떠났다. 두 사람은 언뜻 봤을 때 자매라고는 믿어지지 않을 만큼 달랐고, 아만다는 카렌보다 열 살이 더 많았다. 하지만 카렌과 아만다는 서로에게 헌신적이었다. 어렸을 때 부모가 술에 취해 딸들을 자주 방치했기 때문에 아만다는 동생 카렌을 거의 키우다시피 했다. 어른이 된 후에도 그들은 현실적으로나 감정적으로나 서로에게 깊이 의지했으며 많은 시간을 함께 보냈다.

아만다가 유방암 진단을 받았을 때 그들은 함께 싸워나가기로 약속했다. 하지만 카렌은 언니와 떨어져 있을 때마다 불안하고 초조해서 미칠 것 같았다. 제대로 잠을 잘 수 없었고, 제대로 먹을 수도 없었다. 그렇게 점점 우울증 상태로 빠져들었다.

언니가 죽으면 어떡하지? 왜 하필 언니가 암에 걸린 거야? 차라리 내가 걸렸으면 좋았을 텐데. 하느님은 우리에게 왜 이런 고통을 주신 거지? 우리가 지금까지 견딘 고통만 해도 얼만데. 너무 힘들어. 언니 없이 내가 살 수 있을까?

안타깝게도 그 어떤 치료도 아만다를 구하지 못했다. 그녀의 암은 발견 당시 이미 상당히 진행된 상태였고, 더 빠르게 번져갔다. 진단받은 지 1년 만에 아만다는 사망했다.

사별한 가족들이 그렇듯, 카렌은 아만다가 세상을 떠났을 때 큰 충격에 빠졌다. 며칠째 집 안에 처박혀 거의 아무것도 먹지 않았다. 남편의 말에도 반응하지 않았다. 충격은 서서히 가라앉았지만, 언니를 잃은 상실감은 더 강렬해졌고, 카렌의 머릿속 생각도 더 맹렬해졌다. 그녀는 언니의 의사들과 나눴던 모든 대화를 되새겼다. 그들이 했던 말과 자신이 했던 말을 하나하나 떠올리며 다른 방법은 없었을지, 의사들도 몰랐던 건 아닐지 등 의사들이 과연 언니를 구하기 위해 최선을 다했는지 의심했다.

카렌의 남편 역시 아내에게 힘이 되어주려고 최대한 노력했다. 그녀가 언니와 함께했던 멋진 시간에 대해 이야기하면 몇 시간이고 귀담아 들어주었다. 언니한테 잘못했다고 여기는 일을 토로할 때도 그녀를 부드럽게 달래주었다. 카렌이 아주 좋은 동생이었으며 할 수 있는 최선을 다했다는 점을 이해시키려고 했다.

카렌이 혼자만의 시간을 갖거나 언니 무덤에 찾아갈 시간을 낼 수 있도록 평소에 아내가 하던 집안일과 아이들 관리도 자신이 맡아 했다. 하지만 몇 달이 지나도 카렌의 상태가 나아지기는커녕 점점 더 언니 생각을 하며 우울해하는 모습을 보이자, 그의 참을성도 점점 한계에 이르기 시작했다.

어느 날 아침, 카렌은 언니 무덤에 가려고 샤워를 하다가 우연히 오른쪽 가슴에서 혹을 발견했다. 자신이 느낀 게 정말 혹인지 아니면 자연 조직인지 가슴을 이리저리 눌러보았다. 하지만 확신이 서지 않았다. 카렌의 머릿속 생각들이 복잡하게 날뛰었다.

난 언니가 받은 그런 고통스러운 치료를 견디지 못할 거야. 어차피 죽을 거라면 무슨 소용이 있어? 언니처럼 비참하게 하루하루 쇠약해지는 건 생각만으로도 끔찍해. 남편과 아이들에게 그런 일을 겪게 할 순 없어.

언니가 죽은 후 자살에 대해 스치듯 생각한 적은 있었지만, 그것을 실행으로 옮기는 것까지 진지하게 생각해보지는 않았다. 이제 그녀는 암에게 생명을 빼앗기기 전, 스스로 삶을 포기하는 게 나을 거라고 생각했다.

병원에 가서 혹에 대해 확인하는 게 합리적인 행동이라는 것을 알았지만, 암 진단을 받으면 그 순간 자신의 삶이 와르르 무너져버릴 것 같았다. 샤워를 끝냈을 때쯤, 카렌은 자신이 유방암에 걸려 죽으리라고 확신했다. 심지어 스스로 목숨을 끊는 게 가장 나은 선택이라고 판단했다.

다행히 그녀가 샤워를 끝냈을 때 남편이 욕실로 들어왔다. 남편을 보자마자 카렌의 눈물이 터졌다. 결국 그는 우는 아내를 달랜 후 왜 우는지 이유를 알아냈고, 즉시 병원에 연락했다. 그 결과 유방암의 증거는 전혀 나타나지 않았다.

남편이 때마침 개입했던 게 정말 다행이었다. 그녀의 생각이 더 진행됐다면 자살하겠다는 결심을 실행에 옮겼을 수도 있다. 이처럼 과도한 생각에 빠져들면, 자살 이외에도 살아남은 이의 건강과 행복을 크게 손상시키는 심각한 결과를 초래할 수 있다.

주변 사람까지 물들이는 생각의 늪

생각을 너무 많이 하면 대인관계에도 심각한 피해가 일어날 수 있다는 점 역시 연구를 통해 밝혀졌다.

칼턴 대학의 심리학자 크리스토퍼 데이비스와 함께 생각이 너무 많은 사람과 그렇지 않은 사람들이 중요한 사람을 잃은 후 18개월간 대인관계에 어떠한 변화를 겪는지 조사했다. 생각이 너무 많은 사람들은 그렇지 않은 사람들보다 다른 누군가에게 의지하고 도움을 청하려 하는 경우가 많았다. 그들의 머릿속에 너무 많은 생각과 감정이 들어 있어서 다른 누군가에게 털어놓고 싶어 하는 것이다.

하지만 우리 사회에는 슬픔에 대해 얼마나 오랫동안, 얼마나 많이 얘기해도 되는지 기준이 확실하게 정해져 있는 듯하다. 그리고 이 기준은 사별한 이들에게 현실적이거나 관대하지 않다.

생각이 너무 많은 사람들은 상실에 대한 생각과 감정이 보통 사람들보다 더 오래 남아 있기 때문에, 상실감 극복에 대한 사회적 마감 기한을 맞추기가 매우 어렵다. 이들이 상실감에 대해 너무 심하다 싶을 정도로 얘기하면 듣는 사람들은 지치고 짜증이 난다. 그래서 그냥 모르는 척 고개를 돌려버리거나 그럴 수 없을 경우에는 분노를 터트리기도 한다. 동정과 걱정 대신 짜증과 분노를 표현하게 되는 것이다.

예를 들어, 서른여섯 살 로라의 아버지가 이미 돌아가셨고, 어머니마저 오랜 질병으로 얼마 더 사시지 못할 상황이었는데, 다음과 같이 생각한다.

내가 겪고 있는 이런 상황이 부부관계에 엄청난 스트레스가 되는 것 같아. 남편은 부모님이 돌아가시거나 큰 질병을 앓은 적이 없어서, 내가 얼마나 힘든지 공감하지 못하나 봐. 남편은 "6개월이나 지났잖아. 이젠 털고 일어나야지"라는 식으로 말해. 그러면 나한테 문제가 있는 걸까 하는 기분이 들어.

우리가 진행한 연구에 의하면, 생각을 너무 많이 하는 사람들은 사랑하는 사람을 잃은 후에 주위 사람들이 자신을 충분히 위로해주거나 격려해주지 않는다고 생각한다. 가족이나 친구들과 심한 갈등을 겪는 '사회적 마찰' 역시 보통 사람들보다 훨씬 많이 경험하고 있었다.

카렌의 남편은 아내가 언니를 잃은 후 몇 개월이 지났는데도 계속 생각하고 우울해하자 점점 짜증이 났다. 이보다 더 극단적인 반응을 보이는 가족과 친구들도 있었다. 그들은 카렌에게 아예 등을 돌리고 조롱하는 태도를 보였다.

물론 "그 사람들이 괜히 힘들어하겠어? 가족과 친구들이 그렇게 매정하게 구니까 안 좋은 생각만 하고 더 우울해지는 거잖아."라고 말하는 사람도 있을 것이다. 이 말에도 일리가 있다. 정서적으로 지지해주는 사람이 없고 사회적 마찰이 많이 일어나면 더욱 더 과도한 생각에 빠질 가능성이 높아진다.

하지만 결국 우리가 하는 너무 많은 생각은 주위 사람들의 외면과 사회적 마찰을 유발할 수밖에 없다. 실제로 생각을 너무 많이 하는 사

람들이 시간이 갈수록 점점 사회적 지지 기반을 잃어가는 것을 확인
할 수 있었다.

생각은 점점 전염된다

그렇다면 생각을 많이 하는 게 뭐가 나쁠까? 자신의 감정이 왜 그런지 원인을 생각하고 찾아보는 과정이니 오히려 유익한 게 아닐까? 여러 대중 심리서적에서 자신의 내면으로 들어가기를 권한다. 우리가 치료받으러 가는 이유도 아마 그 때문일 것이다.

그런데 문제는 과도한 생각에 빠질 경우 자기 삶의 현실과 진정한 의미를 깨닫는 쪽으로 나아가지 못한다는 점이다. 과도한 생각은 현재 문제에 대한 해결책을 제시하거나 과거를 명확하고 통찰력 있게 바라보도록 이끌지 않는다. 대신 당신의 생각을 부정적으로 오염시켜 시작도 하기 전에 패배자로 느끼게 만든다. 의기소침해져서 아무것도 하지 못한 채 더 깊은 우울증으로 빠져들게 되는 것이다.

나는 비사 대학의 재네이 모로, 리버사이드 소재 캘리포니아 대학의 소냐 류보미르스키, 스와스모어 대학의 앤드류 워드와 함께 생각을 너무 많이 할 경우 어떤 영향을 미치는지 연구했다. 연구에 참여한 이들에게 마음속 감정과 그들의 삶에 대해 질문함으로써 생각을 강하게 자극할 방법을 찾아냈다.

예를 들면 이런 식으로 물어보는 것이다.

- ✅ 지금 당신은 얼마나 의욕적인가요?
- ✅ 미래 목표에 대해 생각해보세요.
- ✅ 지금 얼마나 행복한가요, 혹은 얼마나 슬픈가요?
- ✅ 가족과의 관계에 대해 생각해보세요.

이 질문은 딱히 부정적인 기억과 감정을 생각하도록 이끄는 질문이 아니다. 질문에 대한 답을 생각하는 것이 이미 약간 우울한 상태인 사람들과 비교적 행복한 사람들의 기분에 어떤 식으로 영향을 미치는지 알아보기 위해 중립적인 질문을 선택했다. 질문이 매우 중립적이고, 자신에 대해 생각하는 것이 기본적으로 기분을 끌어내리는 일은 아니기 때문에 별로 우울하지 않은 사람들에게는 아무런 영향이 없으리라고 짐작했다.

하지만 이미 우울한 상태에 있는 사람이라면 이 질문을 생각하는 과정이 그들을 더 슬프고 우울하고 비관적으로 몰아갈 것 같았다. 우울한 기분이 더 우울한 쪽으로 생각하게 만들 테니까 말이다. 또한 자신의 감정과 자기 평가로부터 잠시 관심을 떼어낼 수 있는 기분 전환

용 과제도 제시했다. 예를 들면 이런 식이다.

- ☑ 더운 날 시원한 바람이 불어온다고 생각해보세요.
- ☑ 천천히 머리 위로 날아가는 비행기를 생각해보세요.
- ☑ 자유의 여신상이 어떻게 생겼는지 생각해보세요.
- ☑ 동네 쇼핑몰 상품들이 어떻게 배치되어 있는지 생각해보세요.

이 역시 감정을 크게 흔들 이유가 없는 중립적인 말이다. 따라서 우울한 기분에 진혀 영향을 미치지 않을 것이다. 하지만 걱정으로부터 관심을 떼어내면 잠깐이라도 그들의 우울한 기분에 긍정적인 효과를 낼 수 있을 것 같았다.

우리 예상은 적중했다. 슬픈 기분인 사람에게 8~10분쯤 생각을 많이 하게 했더니 더 슬퍼지는 결과가 나타났고, 기분 전환 과제를 제시해 비슷한 시간 동안 다른 생각을 하게 했더니 기분이 한결 개선되었다. 반면 애초에 슬프거나 우울한 기분이 아니었던 사람들은 과도한 생각을 자극하거나 기분 전환 과제를 제시했을 때 별다른 기분 변화를 보이지 않았다.

과거를 부정하고 미래를 가로막는 생각의 늪

우린 과도한 생각과 기분 전환의 효과를 분석했다. 우울한 사람과 그렇지 않은 사람에게 무작위로 8분간 깊은 생각을 하게 하거나 기분 전환 과제를 제시했다. 그러고 나서 그들의 과거, 현재, 미래에 대한 생각을 알아볼 수 있는 새로운 과제를 제시했다.

과거에 대한 생각에 초점을 맞춘 연구에서, 기분 전환 과정을 거친 우울한 사람이나 우울하지 않은 사람들보다, 우울한 사람이 지나치게 생각에 빠져들 때 과거의 부정적인 기억들을 더 많이 생각해내는 것으로 나타났다. 이는 슬픔과 근심 걱정을 너무 많이 생각하면 실패와 상실과 실망이 배어 있는 시절의 어둡고 음울한 기억들 쪽으로 더 치우치게 된다는 뜻이다.

그 시절 겪었던 고통과 당혹감이나 다른 아이들에게 놀림당하고, 동료들 앞에서 비판당하고, 부모에게 사랑받지 못했던 느낌들이 생생하게 떠오른다. 이런 슬픈 기억들이 새록새록 되살아나 기분은 훨씬 더 우울해진다. 게다가 그것이 현재의 우울함을 정당화시켜 주는 것 같다. 과거에 그 많은 고통들을 겪었으니 지금 이렇게 우울한 게 당연한 것 같다.

하지만 당신의 생각은 과거의 긍정적인 기억들을 조직적으로 무시하고 있다. 마치 밝고 경쾌한 기억으로 가는 길에 방어벽이 쳐져 있는 것처럼, 좋았던 기억들은 하나도 생각나지 않는다. 과거에 대한 인식이 부정적인 쪽으로 한참 기울어진 상태인 것이다.

너무 많은 생각은 과거만 오염시키는 게 아니다. 생각을 너무 많이 하는 우울한 사람들은 기분 전환 과정을 거친 우울한 사람이나 우울하지 않은 사람보다 미래에 대해서도 훨씬 절망적인 견해를 갖고 있었다.

과도한 생각이 그들로 하여금 앞으로 좋은 일이 일어나지 않을 거라고 믿게 만든다. 오래도록 행복한 결혼 생활을 하거나 좋은 관계를 이어가는 것, 마음에 드는 직업을 찾아 성공하는 것, 건강하게 오래 사는 것 같은 일이 가능할 것 같지 않다. 그들은 자신의 인생에 질병, 경제적 어려움, 이별 등 나쁜 일들이 일어날 가능성이 크다고 생각한다. 그래서 절망적인 기분이 들고, 그 절망감은 오래 지속되는 우울증의 강력한 원인이 된다.

우울한 상태로 너무 많은 생각을 하면 현재에 대한 시각도 흐려진다. 우린 참여자들에게 최근 그들의 인생이 어떤지 얘기해달라고 했다. 생각이 너무 많고 우울한 이들은 그렇지 않은 이들보다 자신에 대해 더 비판적이고, 삶에서 더 많은 문젯거리들을 찾아내고, 그 문제들을 통제하는 게 불가능하다고 생각했다. 예를 들어 이런 식으로 말했다.

지금 내 마음대로 되는 게 하나도 없어. 학교 공부하는 것도 너무 힘들고 외로워서 미칠 것 같아. 친구들이 여러 조언을 하지만, 사실 친구들은 전혀 날 이해하지 못하는 것 같아.

그에 비해 기분 전환 과정을 거친 우울한 사람들은 이렇게 말했다.

지금 내 인생의 어떤 부분들은 진짜 짜증이 나. 머리가 나쁜 것도 아닌데 성적이 매번 생각보다 잘 안 나와. 하지만 엄마가 과외 선생님을 붙여주겠다고 했으니 어쩌면 그게 도움이 될지도 모르겠네. 도움을 좀 받으면 분명히 성적이 오를 거야.

사실 우울한 사람들이 실제로 다른 사람들보다 더 힘든 삶을 살고 있다고 생각할 이유는 없다. 우리 연구의 참여자들 중 누가 기분 전환 그룹에 들어갈지, 과도한 생각을 자극하는 그룹에 들어갈지는 무작위로 결정했기 때문이다. 생각이 너무 많은 게 우울한 사람을 현재 삶에 대해 더 비관적이고 자기 비판적으로 만들었을 뿐이다.

삶의 문제들을 이해하고 해결하려다 보니 지나칠 정도로 깊이 생각하게 되는 거라고 말하는 사람들이 많다. 생각을 하지 않으면 어떻게 그런 문제들을 해결할 수 있겠는가? 하지만 안타깝게도 당신이 우울한 기분일 때 너무 많이 생각하면 문제 해결 쪽으로 전혀 가까이 갈 수 없다.

과도한 생각은 우리를 위축되게 만든다

우울한 사람들과 그렇지 않은 사람들에게 과도한 생각을 자극하거나 기분 전환 과제를 행하게 한 다음, 우울한 이들의 삶에 매우 전형적으로 나타나는 몇몇 문제들을 제시했다.

예를 들어, "친구들이 당신과 같이 있기 싫어하는 것 같다면?"이라는 문제를 제시하고 이 문제를 어떻게 풀어가겠느냐고 물어보는 것이다. 생각이 너무 많고 우울한 사람들은 다른 이들보다 질적으로 상당히 낮은, "나도 그냥 그들을 피하겠다."와 같은 해결책을 말했다.

반면, 기분 전환 과정을 거친 우울한 사람들은 "같이 노는 친구들 중 제일 가까운 친구에게 그 친구가 왜 날 피하는지 물어보겠다."와 같은 해결책을 제시했다. 이처럼 우울한 사람이 생각의 늪에 빠지면 실제로 삶에 일어나는 여러 문제에 더 한심한 해결책을 내놓게 된다.

문제 해결책을 그럴 듯하게 생각해내더라도, 생각이 너무 많은 사람들은 그걸 실천으로 옮기는 게 어렵다. 자신이 생각해낸 해결책에 확신이 서질 않기 때문이다. 결정에 이르기까지 좀 더 많은 정보와 시간을 갖고 싶어 한다. 그러다 결국은 어떻게 해야 할지 결정하지 못한 채 의심과 우유부단의 악순환에 갇혀버린다.

생각이 너무 많은 사람들은 커다란 문제에만 쩔쩔매는 게 아니라, 그 많은 생각 때문에 문제 해결을 향한 작은 걸음조차 떼기가 힘든 것 같다. 우린 연구 참여자들에게 어떤 활동 혹은 행동을 했을 때 자신감이 되살아나고 기분이 더 좋아지냐고 물었다. 예를 들면, 친구들을 만나 밥을 먹거나 즐거운 운동을 하는 것 같은 일이 포함될 수 있다. 그리고 각각의 활동이 기분을 좋게 만드는 데 얼마나 유용한지 물어보았았다.

우울한 사람이든 아니든 모든 그룹에 이런 활동들이 얼마나 적극적으로, 자발적으로, 참여할 것이냐고 물었더니, 생각이 너무 많고 우울한 사람들은 다른 이들보다 훨씬 소극적인 반응을 보였다. 바로 몇 분 전에 그 활동들이 기분을 상승시키는 데 도움이 될 거라고 말했으면서 말이다. 다시 말해서, 머리로는 도움이 되리라고 생각하는 그런 일들조차 할 의욕을 불러일으키지 못했다.

이렇듯 생각을 너무 많이 하면 과거, 현재, 미래에 대한 생각이 부정적인 쪽으로 흘러간다. 문제에 대해 좋은 해결책을 찾아내기가 어렵고, 기껏 해결책을 찾아내도 자신감과 의욕을 갖고 실천하지 못할 가능성이 크다. 게다가 사랑하는 사람을 잃거나 충격적인 사건을 겪은 사람들은 보통 사람들보다 더 빠르게 사회적 지원을 잃게 되는 경향이 있다. 그러니 생각이 너무 많은 사람들이 우울증에 걸릴 가능성이 높은 것도 놀랄 일이 아니다.

여자는 남자보다
몇 배 더 생각한다

여자와 남자는 정신 건강 면에서 놀라운 차이가 있다. 증세가 약하든 심하든 여자의 우울증 발병률이 남자에 비해 두 배나 높다. 이 차이는 미국과 유럽은 물론이고 세계 대부분의 문화권에서 발견되는 결과다. 여성 호르몬 때문에 높아지는 거라고 말하는 사람도 있고, 여자가 사회적 약자라서 그런 것이라고 말하는 사람도 있다. 또 어떤 이들은 여자의 천성에 뭔가 다른 게 있기 때문이라고 이야기한다.

20년 이상 여자의 우울증 원인을 연구해온 내가 하나 확신하는 게 있다. 여자가 남자보다 우울증에 걸리기 쉬운 이유가 단 하나만 있는 게 아니라는 점이다. 사실 '너무나 많은' 이유가 있다. 갖가지 생물학적·사회적·심리적 요인들이 더해져서 여자의 우울증 가능성을 남자의 두 배로 높인다.

생각을 너무 많이 하는 것도 그중 하나다. 스물다섯 살부터 일흔네 살까지의 남녀 1,300명을 대상으로 한 우울증 연구에서 이것이 매우 명백하게 드러났다. 샌프란시스고 베이 에리어 여러 지역의 남녀를 무작위로 선택해 연구에 참여해달라고 부탁했다. 그리고 직업과 결혼 생활, 인생관, 트라우마, 과거 병력에 이르기까지 세세하게 질문했다. 물론 생각을 너무 많이 하는 경향에 대해서도 알아보았다.

슬프거나 불안하거나 우울할 때 생각이 지나치게 많아진다고 답한 여자들이 남자보다 훨씬 많았다. 여자들이 남자들보다 더 쉽게 우울해지는 성향도 드러났다. 생각을 너무 많이 하는 것과 다른 몇몇 요소들이 여자의 우울증에 어느 정도 영향을 미치는지 조사해보니, 생각을 너무 많이 하는 게 우울증 발생에 커다란 원인이 된다는 것을 알 수 있었다.

물론 그게 유일한 요소는 아니었다. 여자들이 성적인 학대 같은 충격적인 일들을 겪을 가능성이 남자보다 많고, 가난이나 고용 차별처럼 무력감을 느끼는 고질적인 상황에 더 많이 직면하기 때문에, 그것이 우울증 가능성을 높이는 데 일정 역할을 했다. 하지만 남자와 여자의 우울증 비율에 그렇게 현격한 차이가 나는 것에는 분명 생각을 너무 많이 한다는 점이 커다란 원인으로 작용했다.

생각이 많으면 화도 많아진다?

물론 너무 많은 생각은 남자와 여자에게 똑같이 해롭다. 생각을 너무 많이 하는 것이 우울증, 부정적인 생각, 한심한 문제 해결로 이어질 가능성이 크다는 점에 대해서는 남자와 여자, 모두에게 마찬가지다. 하지만 집요한 생각의 늪에 빠져 그 위험한 결과까지 감수하게 될 가능성은 여자 쪽이 훨씬 높다.

생각을 너무 많이 한 결과가 우울증만 있는 것은 아니다. 내가 미시간 대학으로 자리를 옮겼을 때 대학원생 셰릴 러스팅이 찾아와 과도한 생각과 분노의 상관관계에 대해 이야기했다. 그녀는 생각을 너무 많이 할 때 우울한 기분이 증폭된다면 화가 났을 경우에도 비슷한 결과를 나타내리라고 추측했다. 즉, 화가 났을 때 생각을 많이 하면 분노가 더 커지고 화낼 이유가 더 많아질 가능성이 높다는 것이었다.

셰릴은 실제로 여러 실험에서 사람들을 화나게 만들어 자신의 아이디어를 실험했다. 최근에 가장 화났던 일을 생각하게 하거나 대부분의 사람들이 분통 터트릴 만한 상황을 상상해보도록 했다. 커닝한 친구가 자기보다 성적을 더 잘 받은 것 같은 상황 말이다. 그 다음에 내가 우울증 연구에서 활용했던 방법과 비슷하게, 더 많이 생각하도록 자극하거나 기분 전환을 시켰다. 그 결과 화났을 때 생각을 많이 한 사람들의 분노가 더 커졌다는 것을 알게 되었다.

셰릴은 연구 참여자들을 화나게 했다가 생각을 많이 하게 하거나 기분 전환하게 한 후, 정서적으로 애매한 상황들을 제시했다. "할아버지가 한 청년과 얘기하고 있다."와 같은 상황을 제시하고, 그들에게 각 상황에 대한 이야기를 만들어보라고 했다. 많은 생각을 해야 했던 이들은 기분 전환 과정을 거친 이들보다 더 부정적이고 성난 이야기를 만들어냈다.

성난 생각의 늪에 빠진 경우와 우울한 생각의 늪에 빠진 경우, 거기서 생겨나는 생각에는 분명히 차이가 있다. 성난 생각은 자신이 겪었다고 느끼는 부당함과 그 부당함에 대해 다른 이들을 비난하는 데 주로 초점이 맞춰진다. 화가 날 때 우리는 '그 인간이 나한테 그런 짓을 하다니 믿을 수가 없다! 이 빚을 반드시 갚아주겠다!'와 같은 생각을 한다. 하지만 우울할 때는 자신의 결점이나 실수, 상실감과 패배감에 더 집중한다.

물론 현실적으로 우리가 화나기만 하거나 우울하기만 하거나 불안하기만 한 경우는 거의 없다. 이런저런 기분이 들고 그에 관련된 생각이 오락가락한다. 자주 여러 감정들이 뒤섞인다.

그런 일이 일어나는 동안 생각을 너무 많이 하면, 각종 기분이 일으킨 오만가지 생각이 더 강하게 증폭된다. 그 상황에 대해 다른 사람을 비난해야 하는지, 아니면 자기 자신에게 책임이 있는지, 누군가에게 복수해야 할지, 아니면 그저 패배의 눈물을 삼키며 물러나야 할지 알 수 없어질 정도로 말이다.

너무 많은 생각은 우리를 더 슬프게, 더 불안하게, 더 화나게 한다. 관계를 손상시키고, 직장생활을 꼬이게 하고, 문제 해결 능력을 마비시키는데, 우리는 도대체 왜 계속 생각하는 걸까? 다음 장에서는 우리가 계속 생각하는 이유에 대해 알아볼 것이다.

2장

"꼬리에 꼬리를 무는 생각 사이클"

우리가 계속 생각하는 이유

잘못한 것도 없는데
겁부터 내는 신입사원

에이미는 자신이 어쩌다 끝없는 생각에 빠져드는지 알 수가 없다. 큰 법률회사에서 법률 보조원으로 일하는 그녀는 차를 몰고 회사로 향하면서 기분 좋게 하루를 시작할 수 있었다. 자신의 일을 좋아하고, 엄청난 수임료를 받고 일하는 변호사들과 같이 작업하는 것도 마음에 든다. 그녀는 평소처럼 사무실로 들어가 지난밤에 마무리한 일을 책상에 내려놓았다. 그런데 책상 한가운데 놓인 노란색 메모 용지가 눈에 띈다.

"에이미, 오전 10시에 내 사무실로 와줘요. - 스투"

스투는 에이미의 상사이자 회사 파트너 중 한 명이다. 스투를 좋아하고 존경하지만, 그의 사무실로 불려가는 것은 등골이 오싹해지는 일이다. "무슨 일이지?"와 같은 혼잣말과 함께 걷잡을 수 없는 생각이 시작된다. 오전 10시가 될 때까지 수많은 생각과 복잡한 감정이 그녀를 뒤흔든다.

왜 날 보자고 한 걸까? 속이 울렁거려. 해고당하면 다른 회사로 옮겨야 할 텐데, 가족들한테는 뭐라고 말하지? 몸이 건강하면 이런 스트레스를 감당할 수 있을 텐데. 하지만 운동하러 다니는 건 너무 귀찮아. 게다가 딱 붙는 운동복을 입은 마르고 젊은 애들과 같이 운동하는 건 끔찍해. 내가 그래서 사람들 많은 곳에 가지 않는 거야.

오전 10시, 에이미는 부들부들 떨면서 스투의 사무실로 들어간다. 에이미의 머릿속에 수많은 생각이 뒤엉켜 있어서 상사가 하는 말이 귀에 들어오지 않는다. 그의 말이 이어진다.

"다음 달에 시카고에서 처리할 큰 사건이 있는데, 일이 끝날 때까지 거기서 지내야 하거든요. 당신이 우리 회사에서 제일 일 잘하는 보조원이니 같이 가줬으면 하는데, 그러려면 한 달 내내 그 사건에만 매달려 있어야 해요. 강요할 수 없는 일이니 당신 의사를 물어봐야죠. 같이 갈 수 있겠어요? 물론 그만한 보상은 해줄게요."

불안과 두려움으로 가득한 생각 때문에 에이미는 지금 제대로 들은 것인지 확신이 서지 않았다. 그녀가 해고되지 않은 것은 분명한 것 같고, 그가 시카고로 같이 가자고 부탁한 것 같다. 그래서 그녀는 간신히 더듬거리며 말한다.

"아, 네, 그럼요. 회사에 필요한 일이면 뭐든 해야죠."

그리고 출발할 시기와 꼭 챙겨가야 할 서류 목록에 대해 상의한다. 자신의 책상으로 돌아온 에이미는 또다시 생각의 늪으로 빠져든다.

왜 그렇게 겁내고 두려워했던 거야? 조금만 스트레스를 받아도 이렇게 벌벌 떠는데 어떻게 변호사를 하겠어. 스투가 나를 일 잘하는 보조원이라고 했는데, 혹시 다른 의도가 있는 건 아닐까? 부인과 사이가 안 좋다는 소문이 들리던데, 그 사람이 나한테 접근하면 어떡하지? 이런 생각을 하는 나도 너무 한심해.

우린 왜 이런 자기 파괴적인 생각에 빠져드는 걸까? 그리고 왜 여자들이 남자보다 이런 상태에 빠질 가능성이 더 클까?

대답은 간단하지 않다. 어떤 학자들은 뇌 구조상 여자의 뇌가 과도한 생각에 더 쉽게 빠져들게 되어 있으며, 시간이 흐를수록 거듭된 생각이 뇌에 프로그래밍된다고 말한다. 사회적 환경에 초점을 맞추는 학자들도 있다. 가치관이나 자아상, 대응 방식 면에서 최근 수십 년간 생겨난 사회 변화가 남녀 모두에게 더 많은 생각을 하도록 유도했다는 것이다.

이유 없는
짜증은 없다

우리가 생각을 너무 많이 하는 이유는 뇌 구조 탓도 있다. 머릿속의 생각과 기억은 작은 것 하나라도 따로 독립되거나 고립되어 있지 않다. 정교한 네트워크 혹은 교점으로 함께 얽혀 있다. 가족과 관련된 교점도 있고, 일과 관련된 교점도 있고, 외모나 몸무게와 관련된 교점도 있을 것이다.

이런 교점들은 서로 연결되어 있다. 체중 문제가 집안 내력이거나 엄마한테 항상 뚱뚱하다는 비난을 들었기 때문에 가족에 대한 생각이 몸무게에 대한 생각과 연결되어 있을 수 있다. 항상 일에만 신경 쓰고 아이들에게 소홀한 것에 죄책감을 느끼기 때문에, 혹은 자녀 일에 신경 쓰느라 회사 일에 집중하지 못하기 때문에 일에 대한 생각이 자녀에 대한 생각과 연결되어 있을 수도 있다.

이런 연결성 때문에 어떤 문제에 대한 생각이 다른 문제에 대한 생각을 자극한다. 때때로 그 교점은 분명하다. 몸무게에 대한 생각이 즉시 엄마의 비난에 대한 생각을 자극하는 식으로 명백하게 알 수 있는 경우가 있다.

반면에 어떤 교점으로 연결되어 있는지 잘 알지 못할 때도 있다. 몸무게에 대한 생각이 스스로 느끼는 자신의 이미지와 연결되어 있기 때문에 회사에 대한 생각과 몸무게에 대한 생각이 이어지는 경우도 있다. 예를 들면, 직장에서 기대에 못 미치는 평가를 받았을 때, 자기도 모르게 뚱뚱한 몸에 대해 생각하게 되는 것이다.

거미줄처럼 연결된 생각, 기억, 감정

스탠퍼드의 심리학자 고든 바워는 삶의 각기 다른 문제에 대한 생각 네트워크가 우리 기분과 감정을 통해 연결된다는 사실을 발견했다. 일반적으로 우리에게 일어나는 일은 행복하거나 불행한 감정을 느끼게 한다. 엄마가 당신에게 뚱뚱하다고 말할 때마다 당신은 창피하고 슬픈 기분이었을 것이다. 직장에서 좋은 평가를 받을 때마다 당신은 자랑스럽고 행복한 기분을 느꼈을 것이다.

부정적인 기분을 일으키는 상황은 기억의 한 네트워크에 연결되고, 긍정적인 기분을 일으키는 상황은 또 다른 네트워크에 연결되는 경향이 있다. 결과적으로 우울하거나 불안하거나 속상하거나 기분 나쁠 때, 안 좋은 기분이 거기에 연관된 안 좋은 생각을 마구 끄집어낸다. 이런 생각은 당신을 애초에 기분 나쁘게 했던 사건과 아무 상관이 없을 수도 있다. 직장에서 받은 낮은 평가가 작년에 돌아가신 고모 생각을 불러일으키는 것처럼 말이다.

생각, 기억, 감정이 서로 정교하게 얽혀 있는 우리 뇌 구조는 생각의 효율성을 높인다. 따라서 여러 문제들의 연관성과 비슷한 점들을 빠르게 인지할 수 있다. 예를 들어, 배우자가 회사 상사를 만나 회의해야 하는 화요일에 성질을 부렸는데, 아버지를 뵈러 요양원에 가야 하는 토요일에 짜증을 낸다면, 어떤 식으로든 회사 상사에게 느끼는 불만이 아버지에게 느끼는 불만을 상기시켰으리라 유출할 수 있다.

하지만 우리 뇌의 거미줄 구조는 너무 많은 생각을 야기하는 부작용을 낳기도 한다. 특히 부정적인 기분은 부정적인 생각 및 기억과 연결되어 있기 때문에 당신을 지나친 생각의 늪으로 빠뜨린다.

그 생각과 기억이 서로 관련이 있든 없든 상관없다. 어떤 이유로든 기분이 안 좋으면, 그 저조한 감정 상태가 과거의 안 좋았던 기억과 생각으로 이어진 교점을 부정적으로 활성화시킨다. 말 그대로 그 길에 불을 켜서 그쪽으로 곧장 달려가게 만드는 것이다. 기분이 좋을 때보다 안 좋을 때 더 부정적인 생각을 하게 되는 이유가 여기에 있다.

기분이 나쁠 때는 삶에 일어난 나쁜 일 사이의 연관성도 더 쉽게 파악된다. 앞에 언급된 법률 보조원 에이미의 경우 해고되리라는 두려움과 가족에 대한 생각, 운동하러 가기 싫은 이유, 사교 생활에 대한 걱정이 서로 연결되어 있었다.

그녀의 머릿속에서 이런 생각들이 왜 이어지는지는 논리적으로 이해가 가능하다. 하지만 생각이 하나의 걱정이나 기억에서 다른 걱정으로 훌쩍 건너뛰었던 이유 중 하나는, 부정적인 기분이 거기에 관련된 뇌의 부정적인 교점들을 활성화시켰기 때문이다. 그래서 그런 생각을 인식하게 된 것이다.

대부분의 사람들이 그렇듯, 에이미의 과도한 생각도 최근 사건으로 인해 생겨난 부정적인 감정에서 시작된다. 에이미는 무슨 일이 일어나고 있는지 알아보기 위해 자신의 내면을 조사했고, 부정적인 기분이 뇌 속의 부정적인 교점을 활성화시켜 그녀의 질문에 온갖 강렬한 대답을 쏟아냈다.

과도한 생각에 빠지는 횟수가 많을수록, 생각의 늪으로 빠져들 가능성도 커진다. 기분이 좋지 않을 때 너무 많이 생각하면, 부정적인 생각과 기억의 네트워크를 자극하고 그 사이의 관계를 강화시킨다.

당신이 왜 이렇게 기분이 나쁜 걸까 질문하면, 당신의 뇌는 타당한 이유를 수두룩하게 꺼내서 보여준다. 지난주 남편과 싸웠기 때문에, 회사 일이 마음에 안 들기 때문에, 불어나는 살 때문에, 엄마와 사이가 안 좋아서….

반대로 앞으로 당신에게 무슨 일이 일어날지 물으면, 생각이 너무 많은 당신의 뇌는 아주 작은 희망의 말도 해주지 않는다. 당신이 몇 가지 문제의 해결 방법을 제안하면, 당신의 뇌는 과거에 잘못됐던 일을 근거로 "그래, 하지만…."이라는 온갖 반론을 제기한다.

너무 많은 생각으로 부정적인 기분의 네트워크를 활성화시키면, 비관적인 생각과 기억의 복잡한 관계는 갈수록 돈독해진다. 슬픔, 수치심, 불안, 분노의 감정과 관련된 다른 더 많은 생각이 휘몰아치기도 한다. 그 문제들 때문에 혼란스럽고 당황스럽고 기가 막혀서, 그게 너무나 진짜 같고 거대하게 느껴진다. 그리고 기분은 점점 더 바닥으로 곤두박질친다.

그 사이 부정적인 교점들의 관계는 더 끈끈해진다. 나중에 어떤 이유로 부정적인 기분을 느끼면, 부정적인 교점들의 긴밀한 관계가 지난번보다 훨씬 더 쉽게 활성화된다. 그래서 더 부정적인 쪽으로 생각이 끌려간다.

슬픈 말을 계속 하면 결국 슬퍼진다

조지타운 대학의 심리학자 잔느 미란다와 샌프란시스코 베이 에리어 센터 재클린 퍼슨스의 인지치료 연구에서 이 점이 입증되었다. 그들은 연구 참여자 여성 44명 중 절반에게는 무작위로 "난 슬프고 피곤하다.", "우울하다."와 같은 슬픈 문장을 읽도록 했고, 나머지 참여자들에게는 행복이 느껴지는 문장을 읽도록 했다. 그리고 모든 사람들에게 지금 얼마나 부정적인 생각을 하는지 설문지를 작성하게 했다.

약간 슬픈 기분을 느끼는 사람들은 행복한 기분을 느끼는 사람들보다 더 부정적인 생각에 빠져 있었다. 게다가 슬픈 기분은 우울증 이력이 없는 사람들보다 우울증을 겪은 적이 있는 사람들에게 부정적인 생각을 훨씬 강화시켰다. 다시 말해서, 과거에 우울증을 경험했던 사람들은 슬픈 기분에 의해 쉽게 활성화되는 부정적인 생각과 태도의 네트워크를 지니고 있었다.

대부분의 사람들의 뇌 속에는 과거의 안 좋았던 기억, 미래에 대한 불안, 현재에 관한 걱정들이 적어도 몇 가지쯤은 도사리고 있다. 평소에는 아마 이런 부정적인 기억과 생각들을 인식하지 못할 것이다.

하지만 안 좋은 기분이 들기 시작하면, 그것이 날씨가 음산하거나 어제 저녁에 와인을 너무 많이 마셔서 그럴 뿐이라 해도, 부정적인 기억이 하나둘 떠오르고 부정적인 불안과 걱정을 쓸데없이 더 많이 생각하게 된다. 이런 부정적인 교점을 자주 활성화시키면 기분이 안 좋을 때마다 안 좋은 생각이 득달같이 튀어나온다.

분명 어떤 이들은 다른 이들보다 과도한 생각에 빠질 가능성이 더 크다. 그런 사람들의 차이에 대해서는 어떻게 설명할 수 있을까? 뇌 연구가 그 해답의 실마리를 제공한다.

위스콘신 대학의 심리학자 리처드 데이비슨은 '정서 신경과학'이라는 것을 연구하는데, 이는 뇌가 감정을 처리하는 방식에 관한 것이다. 그는 정밀한 신경촬영법(양자 방사단층촬영 같은 것)을 활용하여 부정적인 정서가 뇌 전전두엽의 왼쪽보다 오른쪽 부분을 활성화시킨다는 사실을 발견했다. 전전두엽은 의식적 혹은 무의식적으로 우리 감정을 규제하는 작용을 하는 곳이다. 전전두엽이 손상되거나 고장 나면 감정 절제 능력이 떨어져 과도한 생각에 빠지는 것 같은 부작용을 낳을 수 있으며 우울증으로까지 이어질 수 있다.

뇌의 또 다른 영역인 편도체(측두엽에 존재하는 아몬드 모양의 핵)와

해마는 정서적인 상황과 단서를 기억하고 학습하는 작용과 관련된 곳인데, 우울증이 있거나 생각이 너무 많은 사람들은 이 부분에 문제가 있을 수 있다. 특히 편도체가 지나치게 활동적인 사람들은 부정적인 정보에 과도하게 관심을 보이며 생각을 곱씹고 또 곱씹는 경향이 있다.

내가 실행한 연구에서도 특정한 사람들이 왜 다른 사람들보다 더 많이 생각하는지에 대한 단서들이 포착되었다. 이 연구에 따르면 단지 뇌의 어느 한 부분이 고장 나서 생각을 너무 많이 하게 되는 것이 아니다. 그것은 우리 문화에 나타난 여러 사회 변화들로부터 생겨난 산물일 수도 있다.

생각하느라
대처하지 못하는 세대

너무 과도한 생각은 주로 청년과 중년에게 찾아온다. 나와 우리 연구 팀은 무작위로 1,300명을 선택해 연구를 진행했는데, 청년 73퍼센트와 중년 52퍼센트가 생각이 너무 많은 이들로 분류되었다. 그들은 생각이 너무 많다는 의미를 정확하게 알고 있었으며 그 증상을 생생히 묘사할 수 있었다.

스물일곱 살 회사 임원 크리스티를 예로 들어보자. 크리스티는 2000년에 급성장한 인터넷 기업들과 함께 성공가도를 달렸고, 일반 대학 컴퓨터 전공자들이 바라는 수준 이상으로 부유해졌다. 실리콘밸리에 아름다운 집이 한 채 있고, 랙서스를 몰았으며, 거의 매일 밤 고급 레스토랑에서 식사를 했다.

그런데 프로그래밍 문제에 몰두하지 않거나 새로운 상품 생산을 위한 치열한 아이디어 회의에 참석하지 않을 때, 그녀는 곧잘 생각의 늪으로 빠져들었다. 컴퓨터 앞에 앉아 화면을 응시하는 모습이 일하는 것처럼 보이겠지만, 사실 그녀의 머릿속에는 아래와 같은 생각들이 뛰어다니고 있었다.

지난 주말에 만났던 남자는 정말 재미없었어. 골프 대회에 나간 얘기를 끝도 없이 하던데. 내가 그런 얘기를 재미있어 할 줄 알았나? 내가 데이트 상대를 고르는 눈이 없는 걸까? 아니면 대부분의 데이트 상대에게 관심이 안 생기는 나한테 무슨 문제가 있는 걸까?

크리스티는 계속 자신에 대해 생각하기 시작했다.

어쩌면 남자들이 날 컴퓨터 괴짜로 바라봐서 그런지도 몰라. 내가 돈을 잘 벌긴 하지만 돈이 많다고 외롭지 않은 건 아니야. 내가 하루 종일 일 생각만 하는 것도 아니잖아. 사실 일에는 별로 관심도 없는데. 회사 일도 내 생활도 뭐 하나 제대로 되는 게 없는 것 같아.

이런 생각이 머릿속을 채우면 그녀의 마음은 점점 무거워지고 세상은 점점 더 쓸쓸한 곳으로 변한다. 동료가 말을 걸어서 생각하는 것을 방해하거나 너무 답답해져서 사무실을 나가기 전까지 그 생각은 끝나지 않는다. 심지어 집으로 돌아가서도 그녀의 생각은 계속 이어진다.

나이 들수록 생각에 집착하지 않는다

쉽게 생각의 늪으로 빠져드는 청장년층과 달리, 65세 이상의 노인들은 생각을 너무 많이 한다는 게 무슨 뜻인지 잘 이해하지 못한다. 이들 중 약 20퍼센트만이 생각을 너무 많이 하는 쪽으로 분류할 수 있었다. 우리가 슬픔이나 불안이나 분노에 대해 혹은 인생이 마음대로 흘러가지 않는 이유에 대해 오랜 시간 생각하느냐고 물었을 때, 많은 이들이 어리둥절한 표정을 보이며 말했다.

"글쎄요. 가끔은 그렇지만 웬만하면 생각하지 않는 편이죠. 그래봤자 도움 될 게 없잖아요. 안 그래요?"

또 다른 이들은 즉시 그런 상황에 처했을 때 어떻게 하면 되는지 우리에게 해결책을 제시하기도 했다. 일흔 살 필리스의 남편은 그녀에게 아주 약간의 돈과 낡은 집 한 채만 남기고 오래 전에 사망했다. 필리스는 예순 살의 나이에 생필품과 혈압 약 살 돈을 벌기 위해 일하러 나가야 했지만, 일하는 것을 부담이 아닌 기회로 받아들였다. 그 덕에 집을 벗어나 활동할 수 있었고, 새로운 사람들을 만나고 새로운 기술을 배울 수 있었다.

연구원이 필리스에게 자신을 생각이 너무 많은 사람이라고 여기는지 물어봤을 때, 그녀는 천천히 몸을 내밀어 옆집에서 가져온 오트밀 쿠키를 건네며, 딱하다는 듯이 미소 지었다.

"이봐요, 생각이 너무 많아질 때 어떻게 하면 되는지 내가 알려줄게요. 얼른 신께 기도를 올려요. 당신 걱정을 그분에게 맡겨요. 그 다음에 더 쓸모 있는 일을 하기 위해 바쁘게 움직여봐요."

살면서 수많은 시련을 겪었음에도, 나이 든 사람들과 대화를 나눠보면 생각이 너무 많아서 문제인 경우는 별로 없는 듯했다. 그들은 젊었을 때 어쩌면 지금의 우리보다 더 어려운 상황을 매일 겪었다. 먹고 살기 위해 뼈 빠지게 일했고, 무서운 질병으로 자녀를 잃었고, 전쟁터에 자식을 떠나보냈다.

그런 사건에 굴복한 이도 있지만, 대부분은 품위 있고 강인하게 역경을 헤쳐나갔다. 그들은 자신이 처한 환경에서 할 수 있는 일을 했다. 힘이 되는 친구들에게 의지했으며, 자신의 가치관과 신념을 바탕으로 고난을 이해하고 대처했다.

그런데 지난 몇 세대에 걸쳐 너무 많이 생각하는 병이 자라나고 있는 듯하다. 우울증, 불안, 분노 조절장애도 이와 함께 어마어마하게 증가하고 있다.

콜롬비아 대학의 제럴드 클레르만과 미르나 와이스먼의 연구는 최근 세대가 이전 세대보다 더 심각한 우울증에 걸리기 쉽다는 사실을 증명한다. 1915년 이전에 태어난 이들 중 삶의 어느 시기에 심각한 우울증을 겪은 적 있었냐는 질문에 그렇다고 답한 경우는 20퍼센트 이하였다. 반면에 1955년 이후 출생한 이들 중 40퍼센트 이상은 삶의 어느 시점에 정신과에 찾아갈 정도로 심각한 우울증을 겪은 것으로 나타났다. 그리 심하지 않은 우울증을 겪은 사람들까지 치면 그 비율은 훨씬 높았을 것이다.

베이비붐 세대와 X세대가 나이 들어가면서 시련에 대처하는 방법에 대해 지혜를 얻고 젊은 시절보다 우울증 경향이 덜해질 수 있다면 얼마나 좋겠는가. 또한 우리 자녀가 생각이 너무 많은 쪽으로 나아가는 역사적 흐름에서 벗어날 수 있다면 얼마나 좋겠는가. 하지만 슬프게도 내가 12세 아이들을 연구한 결과, 많은 십대 청소년들, 특히 소녀들이 지나치게 걱정하고 연연한다는 것을 알 수 있었다.

한 연구에서는 12~16세 사이 청소년 615명에게 그들이 품고 있을 만한 '걱정과 불안' 리스트를 작성해서 보여준 다음, 각 주제에 대해 얼마나 자주 걱정하는지 질문했다. 치료받을 만한 어떠한 심리적 문제도 없는, 그저 평범한 중고등학교 학생들이었다.

결과를 분석해보니, 여자아이들이 남자아이들보다 거의 모든 주제에 관해 더 걱정이 많았다. 외모, 교우 관계, 안전, 개인적인 문제, 친구의 문제, 가족의 문제, 다른 아이들이 자신을 좋아하는지, 자신이 어떤 사람인지 등에 대해 걱정하고 고민했다. 유일하게 남자아이들이 여자아이들보다 더 걱정을 드러낸 부분은 스포츠나 다른 과외 활동에서 자신이 얼마나 잘 해낼 수 있느냐는 문제였다.

여자아이들이 걱정스러워하는 대인 관계, 자아상, 친구들과의 문제, 가족과의 문제 같은 것들은 스스로 쉽게 해결할 수 있는 게 아니기 때문에 생각을 너무 많이 하게 만드는 원인이 된다.

'생각 병'을 키우는
네 가지 요인

요즘은 사회 전반적으로 너무 많이 생각하는 쪽으로 흘러가고 있다. 그 이유가 무엇일까? 여기에는 최소한 네 가지 문화적 흐름이 관련되어 있는 것 같다.

고집은 있지만 가치관은 없다

현재 우리에게 주어진 선택지는 굉장히 다양하지만, 선택의 기준으로 삼을 가치관은 확립되어 있지 않다. 우리는 어떤 직업을 택할지, 결혼할지 말지, 자녀를 낳을지 말지 등 많은 부분을 선택할 수 있다. 부모, 종교, 사회가 지시하는 대로가 아닌 자신을 위해 최선이라고 여기는 일을 할 자유가 있다. 그렇다면 나를 위한 최선은 과연 무엇이고, 어떻게 판단할 수 있을까?

이전 세대는 자기 선택의 기준이 되는 가치 체계에 의심을 품지 않았지만, 요즘 세대는 종교, 애국심, 인본주의를 포함한 모든 것에 의문을 제기한다. 대중문화는 우리에게 남보다 더 부유하고, 더 성공하고, 더 아름답고, 더 인기 있는 사람이 되어야 한다는 가치관을 주입한다.

하지만 성공이라는 단어의 의미가 무엇인지는 정확하지 않다. 자신은 성공했다고 생각하더라도 주위에서는 전혀 성공한 게 아니라고 말할 수도 있다. 회사에서 승진 소식을 듣고 기분 좋게 집에 돌아왔는데, 스물 몇 살의 대학 중퇴자가 억만장자가 되었다는 신문기사를 접하는 것이다.

그래서 우리는 늘 골똘히 생각한다. 무엇이 최선인지 알아내기 위해 모든 선택지를 검토한다. 하지만 '최선'을 어떻게 정의해야 하는지조차 모르겠다. 다른 사람들에게 조언을 구해도, 사람마다 하는 말이 달라서 혼란스러울 뿐이다. 자신의 동기, 욕망, 판단력도 의심스럽다. 자신이 한 선택을 뒤늦게 비판하며, 어떻게 그런 잘못된 선택을 했는지 끊임없이 생각하고, 앞으로 더 한심한 선택을 하게 될까 봐 불안해한다.

이제는 아마 이전 세대처럼 일반적인 믿음의 합의 상태로 돌아갈 수 없을 것이다. 사실 자신의 행동이 엄격히 규제되고 다른 사람들이 선택을 강요하는 시대로 돌아가고 싶은 사람은 별로 없다. 하지만 가치관의 부재는 당신을 너무나 쉽게 생각의 늪으로 빠뜨린다.

그래도 희망은 있다. 생각의 늪 속에도 자신이 소중히 여기는 가치관이 숨어 있을 것이다. 기꺼이 자신의 결정과 선택의 기준으로 삼고 싶은 가치관이 있을 것이다. 문제는, 너무 많은 생각과 혼란스럽고 부정적인 성향으로 인해 머릿속이 흐려져 있을 때 그 가치관을 알아차리기란 거의 불가능하다는 점이다. 이 부정성과 혼란을 걷어낼 수 있다면, 자신의 안에 있는 핵심 가치관이 모습을 드러내 당신의 가장 곤란한 질문에도 대답할 것이다.

자격에 대한 과도한 집착

요즘 세대는 자신이 무언가를 누릴 자격이나 권리가 있다는 점에 매우 민감하다. 돈을 많이 벌 자격이 있고, 꿈의 직장에 다닐 자격이 있고, 멋진 연인과 영원히 행복해질 권리가 있고, 다른 사람들에게 존경받고 자신의 의견을 존중받을 권리가 있고, 항상 기분 좋은 상태로 지낼 권리가 있다고 생각한다.

하지만 이런 기대감은 필연적으로 깨질 수밖에 없는데, 그럴 경우 우린 그것을 쉽게 받아들이지 못한다. 대신 우리가 마땅히 가져야 하는 것을 갖지 못하는 이유에 대해 너무 많이 생각하기 시작한다. 우리가 원하는 것을 제공하지 않는 세상의 잘못된 점에 집중하기도 하고, 때로는 목표에 도달하지 못하는 자신의 문제점에 집중하기도 한다.

난 당연히 승진할 자격이 있어. 그런데 왜 날 승진시켜주지 않는 거야? 요즘 남편이 무기력하던데, 내가 혹시 뭘 잘못하고 있어서일까? 내가 무슨 생각을 하는지 아무도 관심이 없는 것 같아.

자신과 다른 누군가를 손상시키는 충동적인 행동, 분노, 불안, 슬픔, 부정적인 성향이 이런 생각에서부터 시작된다.

자격에 대한 우리의 집착은 아래와 같이 요약할 수 있다.

- ✅ 난 원하는 무엇이든 가질 자격이 있다.
- ✅ 다른 사람들은 날 기분 나쁘게 할 권리가 없다.
- ✅ 날 기분 나쁘게 하는 사람은 누구든 벌을 받아야 한다. 가능하면 공개적으로, 그래야 내가 옳다는 것을 다들 알게 될 테니까.

오늘날 법정이나 언론, 혹은 아주 단순한 일상생활에서조차 비난과 대립이 난무하는 이유는 자격에 대한 집착 때문이다. 이웃과의 아주 작은 갈등이 결국 법정으로까지 이어진다. 양측 모두 상대에게 보복할 자격이 있다고 믿기 때문이다.

텔레비전 토크쇼와 수천 개의 라디오 쇼에서 자신이 아닌 다른 누군가가 저지른 잘못을 성토하며 자신을 희생양으로 묘사하는 데 열심이다. 아이들 축구 경기에서 주심이 논란의 여지가 있는 판정을 하면, 정의를 실현해야 한다거나 자신의 자녀가 승리할 자격이 있다고 확신하는 부모들 간에 주먹다짐이 벌어지기도 한다.

이러한 자격에 대한 집착으로 인해 생각의 늪에 빠질 수도 있다.

나는 왜 회사에서 제자리걸음일까? 난 왜 이렇게 돈을 못 벌까? 나라 경제는 성장했다고 하는데 왜 나는 그 혜택을 하나도 못 받는 거지?

그리고는 자신이 뭐든 누릴 자격이 있다는 생각에, 더 깊은 생각의 늪으로 빠져들며 이렇게 대답한다.

내가 자기 자리를 빼앗을까 봐 부장이 인사고과 점수를 짜게 주는 걸 거야. 부모님이 대학 등록금을 내주지 않아서 내가 이 꼴인 거야. 내가 이렇게 불안한 이유는 가족들을 챙겨야 하는 부담 때문이야. 내가 남들만큼 똑똑하지 못한 탓이겠지.

이러한 대답 속에 진실이 담겨 있을 수도 있다. 하지만 자격에 너무 집착할 경우, 자신이 처한 상황을 어떻게 효율적으로 헤쳐 나갈지 혹은 상황이 얼마나 잘 풀릴 수 있을지 생각하기보다 자신이 누릴 자격을 누리지 못한다는 점에 집중할 가능성이 있다. 자신이 누릴 권리에 너무 집착하느라 주위 모든 사람들과 적대적인 관계에 놓일 수도 있다. 그러다 결국 자신이 원한다고 생각하는 것들에 대해 정말 자격이 있는지 의심하게 될 것이다.

누군가에게 책임을 전가하는 습관

올리비아의 사례를 예로 들어보자. 올리비아는 165센티미터, 59킬로그램의 체격으로, 적어도 하루에 한 번 이상 폭식을 한다. 보통 단맛이 강한 쿠키와 짭짤한 과자를 같이 먹는다. 위가 아프거나 눈앞에 있는 음식이 바닥날 때까지 마구 먹은 다음, 즉시 욕실로 가서 목구멍에 손가락을 넣고 먹은 것을 모두 토해낸다.

올리비아의 이런 폭식과 구토는 보통 하루에 두세 시간을 잡아먹는다. 예전에는 저녁에만 그랬지만, 몇 달 전부터 낮에도 폭식을 시작했다. 점심시간에 미친 듯이 먹어대느라 책상 앞에 다시 앉아야 하는 오후 1시를 훌쩍 넘어서야 자기 자리로 돌아가곤 했다. 그렇게 오래 자리를 비우는 게 사장 눈에 띄어서 그녀는 결국 해고되었다. 그 이후로 올리비아는 주로 집에서 혼자 지냈다.

올리비아는 집에서 보통 출연자들이 자신의 어려움을 모두 다른 사람 탓으로 돌리는 비난성 토크쇼를 시청했다. 거기 나오는 사람들에게 자극을 받아, 올리비아도 자신의 가족과 친구들과의 관계를 검토하고 대인관계를 분석했다. 자신이 처한 곤경에 책임이 있을 만한 사건이나 사람을 찾지는 못했지만, 과거에 존재하는 무언가가 현재 문제를 일으키고 있으리라는 확신이 들었다.

올리비아가 가장 인상 깊게 생각했던 내용은 토크쇼에 나오는 전문가들이 어렸을 때 학대당한 기억을 억압하는 경우가 많다고 말한 것이다. 그렇다면 올리비아도 성적인 학대, 혹은 정서적으로 학대받았을까? 그녀는 어렸을 때 혹은 어른이 된 후에 부모님이 자신에게 했던 말들을 몇 번이고 떠올렸다. 부모님이 딱히 상처되는 말을 한 것 같지는 않은데, 그녀에 대해 정말로 어떻게 생각하는지는 알 수 없었다.

물론 그녀의 엄마는 올리비아가 문제를 해결할 시도조차 하지 않는 이유를 이해하지 못하는 듯했다. 그녀의 삶에 불행이나 폭식증의 근원이 될 만한 중요한 관계나 사건이 몇 개 있기도 했다. 토크쇼에서는 과거로 충분히 깊이 파고 들어가면 자신을 이 지경으로 만든 원흉을 찾아낼 수 있을 거라고 했다.

어느 날 올리비아는 엄마에게 폭식증에 대해 잔소리를 들었을 때, 자신이 필요로 하는 만큼 엄마가 애정을 쏟고 격려해주지 않아서 이런 꼴이 된 거라고 버럭 소리를 질렀다. 엄마는 그 비난에 충격을 받고 전화를 끊어버렸다.

올리비아는 잠시 안도감과 승리감에 취해 있었지만, 엄마가 정확히 뭘 잘못한 건지 짚어낼 수 없는데도 그렇게 감정을 폭발해버린 것이 걱정되기 시작했다. 그녀의 폭식증이 어쩌면 엄마 잘못이 아닐지도 모른다. 그저 자신이 어떤 면에서 결함이 있는 인생의 패배자일지도 모른다.

혹시 인생에 손해를 끼친 원흉을 찾아낼 수 있더라도, 그들에게 항상 분노를 표출할 수 있는 것은 아니다. 화를 낸다고 해서 항상 기분이 더 나아지는 것도 아니다. 보통은 그 순간만 기분이 좋을 뿐이다. 자신의 고통을 표현하고 말할 권리가 있다는 점에 대해서는 굳게 믿지만, 한바탕 폭발하고 난 뒤에 다시 생각의 늪으로 빠져 들어가 '내가 왜 여전히 이런 고통을 당하고 이것이 누구 책임인지' 알아내려고 애쓴다.

감정 폭발 자체가 일으키는 문제도 있다. 상사에게 심한 화를 낼 경우 해고될 수 있고 부모님한테 성질을 부리고 나서 몇 달 동안 전전긍긍하게 될 수도 있다. 남편의 잘못된 행동을 비난했다가 대화가 단절될 수도 있다. 이것은 결국 더 깊은 생각의 늪으로 이어진다.

빠른 해결책을 찾고 싶은 욕구

너무 많은 생각을 유발하는 세 번째 사회 변화는 어떻게든 임시방편을 찾고 싶은 우리의 욕구가 강박적일 정도로 강해졌다는 점이다.

기분이 처지거나 우울하거나 화가 날 때 뭔가 빠른 해결책이 있어야만 한다. 직장을 옮기거나, 만나는 사람을 갈아치우거나, 부모님과 아예 말을 하지 않으면 괜찮아질 것 같다. 가끔 이것이 옳은 선택일 수도 있지만, 그게 지금 당장 불만을 해소하기 위한 임시방편일 경우, 실패는 계속될 것이고 생각할 거리는 점점 더 많아질 것이다.

때로는 운동을 더 하거나 다른 강의를 듣는 등 미친 듯이 몸을 움직여 걱정에서 벗어나려는 사람들이 있다. 걱정을 벗어던지는 것은 그 지배력을 끊어내는 바람직한 첫걸음이지만, 그야말로 첫걸음에 불과하다. 더 높은 지대로 올라서기 위해서는 두 번째 단계 역시 매우 중요하다. 그래야 불만족의 원인을 찾아 긍정적인 변화를 이끌어내고 앞으로 다시 과도한 생각에 빠질 가능성을 줄일 수 있기 때문이다.

오래 전부터 많은 사람들이 애용한 임시방편은 폭음이다. 생각이 너무 많은 사람들은 그렇지 않은 사람들보다 규칙적으로 폭음할 가능성이 두 배나 높다. 그들은 근심과 걱정을 떨쳐내고 자신감을 되찾기 위해 술을 마신다고 말한다. 간혹 술기운이 잠시 걱정을 잊는 데 도움이 되는 경우가 있지만, 생각이 너무 많은 사람들에게 알코올은 걱정거리에 관심을 더 집중시키는 부작용을 낳을 수 있다.

스탠퍼드 대학의 심리학자 클로드 스틸과 텍사스 대학의 로버트 조지프는 이 현상을 '알코올 근시'라고 부른다. 알코올이 걱정에 대한 지각과 인식을 더 예리하게 만들어, 전보다 더 크고 심각한 일로 느끼게 되는 것이다.

게다가 잦은 폭음은 걱정해야 할 새로운 문젯거리를 일으키기도 한다. 생각이 너무 많은 사람들이 술 때문에 회사에 결근하거나 일에 지장이 생기는 것 같은 알코올 남용의 신호를 보이는 비율은 25퍼센트에 달한다. 보통 사람들이 8퍼센트인 것에 비해 상당히 높은 수치다.

요즘 세대가 점점 더 많이 의지하고 있는 현대적 임시방편은 약물이다. 심지어 우울증이나 불안장애가 심각하지 않은데도 약물을 복용하는 사람들이 있다. 그들은 사는 게 힘들고 스트레스가 많다며 의사에게 찾아가 약을 처방해달라고 요구한다. 하지만 이런 약물이 삶의 일상적인 스트레스를 완화시키는 데 도움이 된다는 증거는 없다. 스트레스의 요인은 그대로 남고, 스트레스 요인에 대한 생각도 고스란히 남은 채 어떤 식으로도 나아지지 않는다.

과도한 생각에서 벗어나려면, 임시방편을 찾으려고 하지 말고 진짜 문제를 알아낸 다음 그 문제에 대한 해결책을 세우는 느리고 어려운 작업을 거쳐야 한다. 그래야 생각이 다시 당신의 다리를 묶어버리는 불상사를 막을 수 있다.

자기 자신에게 집중하는 문화

심리학적으로, 문화적으로 1960년대 이후 인기를 끈 주제 중 하나가 자기 인식의 중요성과 감정 표현이다. 각종 사회 구호나 대중가요의 노랫말에서, 베스트셀러 심리학 서적에서 이를 확인할 수 있다.

그런데 많은 사람들이 자기 인식이라는 주제를 너무 지나치게 받아들였다. 다른 고려사항을 무시한 채 자기 자신만 생각하고 자신의 감정 변화에만 관심을 기울이게 된 것이다. 자신에게만 몰두해서 슬픔, 불안, 불쾌한 느낌의 의미를 곰곰이 생각한다. 사소한 기분 변화에 커다란 중요성을 부여하고 자신의 기분을 살펴 그 메시지를 알아내려 한다.

가끔 기분 변화가 메시지를 담고 있는 경우가 있기는 하다. 하지만 그것이 전혀 중요하지 않은 사소한 사건, 예를 들어 수면 부족이나 그날의 날씨, 출근하는 길에 심했던 교통 체증 등으로 인한 결과일 수도 있다.

게다가 우리는 삶에 일어나는 사건을 너무 세세하게 분석한다. 친구 하나가 무례한 말을 하면 그 친구의 성격상 그것이 '정말로' 어떤 의미인지 고민하며 몇 시간을 보낸다. 어느 날 아침 상사가 신경질을 부리면 상사가 했던 말을 하나하나 분석하여 그게 어떤 의미인지 판단하려고 한다. 연인이 한동안 육체적 관계에 관심을 보이지 않으면 그게 우리의 미래나 자신의 매력에 대해 어떤 의미를 나타내는 것 일지 고민한다.

물론 무례한 말을 한 친구가 나쁜 사람일 수도 있고, 상사가 당신을 일부러 괴롭히는 것일 수도 있고, 애인이 당신에게 싫증이 났을 수도 있다. 하지만 우리는 그보다 더 간단한 원인에 대해서는 별로 고려하지 않는다. 그 친구도 다른 모든 사람처럼 고약해질 때가 있을 것이고, 상사가 회사 오는 길에 차가 너무 막혀서 짜증이 났을 수도 있고, 연인은 회사 일 때문에 스트레스가 심해 다른 것에 신경 쓸 겨를이 없을 수도 있다.

그런데 그런 가능성을 다 무시하고 작은 사건 하나에 엄청난 중요성을 부여하며, 그게 심각한 문제가 되리라는 신호를 찾아 촉각을 곤두세우는 것이다. 이것이 우리를 생각의 늪으로 이끄는 지름길이다.

지난 수십 년간 이어진 이 네 가지 문화적 변화는 요즘 젊은 세대의 우울증과 지나치게 생각을 많이 하는 병을 이해하는 데 도움이 된다. 다음 장에서는 왜 여자들이 특히 더 생각의 늪으로 빠져드는지에 대해 설명하겠다. 우리가 시행한 연구에서 그 원인에 대한 몇 가지 단서를 포착했다.

3장

"섬세한 사람이
생각에
더 빠져든다"

생각에 대한 여자와 남자의 차이

아직 사회는
기울어져 있다

여자가 남자보다 더 쉽게 생각에 빠져드는 이유가 여성호르몬이나 뇌 구조 같은 생물학적 차이 때문이라고 추측하는 학자들이 있다. 앞으로 더 연구해보면 이런 가정을 뒷받침할 증거가 나타날 수도 있겠지만, 지금 우리가 가진 증거로는 심리적·사회적 원인 때문인 것으로 보인다.

지난 50년간 여자의 사회적 지위는 성장했다. 더 이상 한정된 직업에만 국한되어 일하지 않아도 되고, 여러 직종에서 남자와 동등한 연봉을 받으며 높은 지위로까지 올라갈 수 있다. 남편과의 관계에서도 많은 여자들이 동등한 가사 분담과 존중을 기대하고 있다.

하지만 아직도 갈 길이 멀다. 여자들의 급여는 여전히 남자의 급여보다 낮고, 저소득 노동자들의 급여 차이는 이보다 훨씬 더 크다. 집안일과 자녀 양육 면에서도 남자에게 과거보다 더 많은 '도움'을 요구할 수는 있지만, 실제 그런 도움을 받는 경우는 그리 많지 않다. 우리가 연구한 바에 의하면, 직장생활을 하는 주부 대부분이 집안일의 상당 부분을 책임지고 있었다. 게다가 여자들이 전보다 더 다양한 직종에 진출하고 있음에도, 남편이 그들의 일을 가치 있게 여기고 존중한다고 느끼는 비율 자체는 얼마 되지 않았다.

답이 명확하지 않은 스트레스

여자의 사회적 지위가 낮다는 사실과 함께, 끝도 없이 이어지는 골칫거리와 부담이 만성 스트레스가 되어 여자들을 너무 많이 생각하는 쪽으로 이끄는 것 같다. 스트레스가 심한 사람들은 생각을 너무 많이 하는 경향이 강했으며, 남자보다 여자들이 더 심한 스트레스에 시달리는 것으로 나타났다.

만성 스트레스에 시달리는 여자들 중 일부는 자신이 무슨 일을 해도 삶을 바꿀 수 없으리라고 확신한다. 그로 인해서 생각의 늪에 빠져든다. 하지만 다행히 대부분 절망과 무기력을 떨쳐내고 상황을 개선시킬 수 있다는 희망의 끈을 놓지 않는다. 자신의 삶이 왜 원하는 쪽으로 흘러가지 않는지, 왜 그렇게 항상 답답하고 고통스러운지, 집안일과 자녀 양육의 책임을 분담하도록 남편을 설득하려면 어떻게 해야할지, 어떻게 가족에게 더 인정받을 수 있을지 알아내려고 노력하고 있다.

안타깝게도 이런 질문에 대한 답이 항상 명백한 것은 아니다. 산타

크루즈 소재 캘리포니아 대학의 심리학자 페이 크로스비는, 객관적인 기준으로 봤을 때 일방적이고 불공평한 관계에 있거나 일터에서 직접적으로 차별받는 많은 여자들은 자신이 희생하고 있는지조차 모르고 있다는 사실을 발견했다. 알더라도 그런 상황에서 벗어날 힘이 없는 경우가 많았다.

불공평한 관계에 있는 여자가 그 관계에서 벗어나고 싶지는 않고 상황이 좀 더 개선되길 바랄 뿐이라면, 파트너의 태도가 변해야 하고 파트너와의 대화 패턴이 달라져야 한다. 그런데 이런 부분들은 이미 확고하게 자리 잡혀 있을 가능성이 크다.

따라서 스트레스가 심한 상황에서 여자들이 어찌어찌 버텨 나간다 해도, 그런 상황이 왜 생겨났는지, 그 상황에 대해 어떤 기분이 드는지, 어떻게 조치를 취해야 할지에 대해 생각하고 또 생각하게 될 것이다. 이 과도한 생각이 우울증 증상을 일으키는 데 일조한다.

트라우마를 마주해야 할 때

아직 여자들의 힘이나 지위가 남자들보다 약하기 때문에 발생하는 충격적이고 고통스런 경험이 과도한 생각을 자극하는 연료가 되기도 한다. 남자보다 여자들이 훨씬 더 자주 겪게 되는 트라우마 중 하나가 바로 성적인 학대이다.

성적인 학대의 비율이 실제로 얼마나 되느냐에 대해서는 의견이 다를 수 있지만, 강간과 근친상간 같은 심각한 성적 학대에 시달릴 가능성이 여자가 남자보다 두 배 높다는 것은 분명하다(메리코스 같은 심리학자들의 연구에서 증명된 바 있다). 성적으로 학대당한 여자가 과도한 생각에 빠질 가능성도 훨씬 큰 것으로 나타났다(남자의 경우도 마찬가지다).

이런 충격적인 사건이 생기면 내가 아닌 다른 누군가에게 나쁜 일이 일어날 거라는 우리의 기본적인 가정이 깨져버린다. 가해자가 가족이나 친구일 경우에는 인간에 대해 느끼는 안전함과 신뢰감이 산산이 부서지기도 한다. 결국 피해를 입은 당사자는 자신이 왜 그런 일을 당해야 했는지에 대해 극심한 번뇌에 시달린다.

어렸을 때 아버지에게 성적으로 학대당했던 스물두 살 캐롤은 과도한 생각에 빠져드는 경향이 있었다. 그녀는 열여섯 살 때 아버지로부터 벗어나기 위해 파티에서 만난 마틴이라는 남자와 도망쳤다. 하지만 마틴은 백마 탄 왕자가 아니었고, 가끔 피부가 빨갛게 붓고 멍들 때까지 캐롤을 때렸다. 한 번은 너무 심하게 맞아서 한쪽 눈이 완전히 감길 정도로 붓고 뇌진탕이 일어나 응급실에 실려 간 적도 있다.

그때 여성 건강 센터에서 일하는 웬디가 캐롤을 발견했다. 웬디는 매 맞는 여성과 가출 청소년들을 위한 보호소가 있다며 캐롤에게 권했다. 퇴원한 후 달리 갈 데가 없었던 캐롤은 그곳에 찾아갔다. 거기서 평생 처음으로 그녀를 진심으로 보살펴주는 사람들을 만났다. 몇 주 뒤 그들은 캐롤에게 일자리를 찾아주고, 저렴하고 안전한 집도 마련해주었다.

하지만 캐롤은 근친상간 경험에 대해 상담자와 얘기해야 한다는 웬

디의 조언을 따르지 않았다. 우선은 그런 상담을 받을 여유가 없다고 생각했고, 근친상간의 과거와 마틴에게 당한 폭행을 그냥 잊어버리면 된다고 믿었다.

그 후 그녀는 6년 동안 열심히 일해서 승진도 하고 더 나은 집을 구할 수 있을 정도로 돈을 모았다. 하지만 집에 혼자 있을 때마다, 걷잡을 수 없는 생각이 그녀의 머릿속으로 밀려들었다. 그 생각은 과거의 트라우마와 직접적으로 연결된 것이었다. 전에 겪은 일들이 생생하게 되살아나면서 왜 자신에게 그런 일이 일어나야 했는지 끝없이 되물었다. 하지만 보통은 그 학대 경험과 별 관련이 없는 것 같은 생각이 그녀의 머릿속을 채웠다.

난 더 좋은 직장을 찾지 못할 거야. 난 패배자야. 가게에서 손님들과 얘기하는 게 너무 힘들어. 그 사람들이 내 눈을 똑바로 쳐다보면 어떻게 해야 할지 모르겠어. 내가 너무 불쌍해. 외로워서 미칠 것 같아. 하지만 같이 있고 싶은 사람이 하나도 없어. 그나마 혼자 집에 있을 때가 제일 견딜 만해.

캐롤의 이런 생각은 충격적인 사건을 겪은 이들이 지켜내기 쉽지 않은, 자존감과 신뢰 문제와 관련이 있다. 그녀는 일단 생각의 늪으로 빠져들면 자기 혐오로 몸서리를 치지만, 그런 생각을 하지 않으려고 미친 듯이 일하기 때문에 학대 경험과 그 연관성을 깨닫지 못할 뿐이다.

사회적 약자 입장인 여자들은 성적인 트라우마뿐 아니라 다른 여러 문제 상황과 맞부딪힐 수 있다. 보스턴 대학의 심리학자 데보라 벨은 여자가 남자보다 가난하게 살 확률이 훨씬 높다는 사실을 확인시켜주었다.

거기에다가 가난하면 또 다른 문제들이 따라붙는다. 범죄와 폭력의 노출, 자녀의 질병과 사망, 신체적 혹은 성적인 폭행 등 많은 스트레스 요인이 동반될 위험성도 증가한다. 열악한 주거 환경, 경제적 불확실성을 비롯해 고질적이고 통제하기 어려운 부정적인 삶의 조건들도 함께 생겨난다. 따라서 가난한 여자들은 그렇지 않은 사람들보다 이런저런 생각할 것이 훨씬 더 많다. 실제로 내가 진행한 연구에서도 너무 많이 생각하는 여자들의 성향과 가난이 결코 무관하지 않다는 것을 알 수 있었다.

답답한 상황에서 벗어나 과거의 트라우마를 치유하는 길로 가는 첫 번째 단계는 생각의 늪에서 빠져나오는 것이다. 그래야 긍정적인 자아상을 확립하고 자신을 바로 알며 상황을 극복하는 행동 쪽으로 나아갈 수 있다.

'우리의 삶'과
'나의 삶'에서의 혼란

남녀의 성격 중에서 가장 크게 차이가 나는 부분은 타인과 관련된 것이다. 여자는 남자보다 다른 사람들과의 관계를 통해 자신을 규정하려는 성향이 매우 강하다. '난 캐서린과 존의 딸이며, 리처드의 아내이며, 마이클의 엄마'라는 식이다. 또한 여자들이 남자들보다 더 넓고 깊은 사회적 인맥을 형성한다. 정서적으로 더 깊이 다른 사람들과 관계를 맺고 타인의 감정에 대해서도 남자들보다 민감하다.

이렇게 다양한 사람들과 깊은 관계를 맺는 여자들의 인맥은 삶에 풍요로움을 제공하고 힘들 때 위로받을 수 있는 중요한 기반이 된다. 하지만 다른 한편으로, 생각해야 할 사람들이 더 많아진다는 뜻이기도 하다.

하버드 대학의 사회학자 론 케슬러는 여자들이 남자들보다 타인의 삶에 일어난 충격적인 사건들에 영향을 더 많이 받는다는 사실을 보여주었다. 친구나 가족이 아프거나 크게 다쳤거나 또는 중요한 스트레스 요인에 당면했을 때, 그들에 대해 걱정하고 슬퍼하고 우울해하는 쪽은 주로 남자들이 아니라 여자들이다.

관심을 갖는 것과 지나치게 관심을 갖는 것

카네기 멜론 대학의 심리학자 비키 헬게손의 연구에서, 남자들보다 여자들이 더 다른 사람에게 '관심을 갖는 것'과 '지나치게 관심 갖는 것'의 차이를 구분하지 못한다는 것을 알아냈다. 타인의 일을 마치 자신의 일인 양 여겨 적정선을 지키지 못하는 경우도 많다.

이런 여자들은 남들이 자신을 어떻게 생각하는지 그들과의 관계가 어떻게 진행되는지에 따라 스스로 느끼는 자긍심과 행복감이 달라진다. 타인에 대한 의존도가 높기 때문에, 관계에 아주 사소한 변화만 감지되어도 그 의미를 생각하며 불안해하고 초조해한다. 다른 사람의 기분을 맞추려고 자신에게 해가 될 수 있는 선택을 하기도 한다. 나의 연구에서도 타인과의 관계에 지나치게 몰입하고 정서적 의존도가 심한 여자들이 고질적으로 생각을 너무 많이 하는 것으로 나타났다.

명랑 쾌활한 스물아홉 살 물리치료사 데니스를 예로 들어보자. 데니스는 아침에 남편 마크의 기분이 조금만 안 좋은 것 같아도 과도하게 생각의 늪으로 빠져든다. 남편 마크는 아침형 인간이 아니고, 특히 전날 잠을 잘 못 자면 아침에 예민한 경향이 있다. 괜스레 아침 먹는 아이들에게 식사 예절이 잘못되었다며 잔소리하기도 한다.

반면 데니스는 전형적인 아침형 인간이라 아침에 일어났을 때 기분이 제일 상쾌하다. 다섯 시 반에 일어나 러닝머신으로 5킬로미터를 달리고, 샤워하고 나서 즐겁게 식탁으로 향한다. 하지만 주방에 들어서서 뚱해 있는 남편을 발견하자마자, 머릿속은 복잡해진다.

내가 뭘 잘못했나? 기억나진 않지만 내가 졸다가 무슨 말실수라도 한 거 아닐까? 아이들이 무슨 잘못이라도 저질렀나? 아니면 회사 일이 잘 안 풀려서 그런가? 아, 일 얘기는 꺼내지 않는 게 좋겠어. 저 사람 기분이 저렇게 안 좋으면 내가 너무 불안해.

결국 데니스는 부드럽게 무슨 일이 있냐고 남편에게 물어본다. 기분이 정말로 안 좋은 상태라면 그는 "그런 거 없어!"라고 소리칠 것이다. 하지만 그는 원래 아침에 자신의 기분이 별로라는 것을 알기에, 아내에게 잠을 푹 못 자서 그렇다고 답한다.

하지만 데니스는 그 말을 사실로 받아들이지 않고, 마크의 기분을 불쾌하게 만든 원인이 무엇인지 계속 궁금해한다. 때로는 그걸 알아내려고 보채기도 한다. 마크는 아침이라는 사실을 제외하고 불쾌한 이유가 없는데 아내가 집요하게 캐물을 때마다 짜증이 난다. 때로는 별것 아닌 일을 크게 만들지 말고 자신을 좀 내버려두라고 버럭 소리를 지른다.

이것은 데니스를 더 깊은 생각의 늪으로 데려갈 뿐이다. 그녀는 마크에게 무슨 문제가 있는 게 아닐지 걱정하고 아침에 상황을 그런 식으로 만들어버린 자신을 탓하며 하루를 보낸다.

여자들은 다른 사람들에게 차갑고 무심해지지 않는 것을 중요하게 생각한다. 무엇이든 나 몰라라 하는 것은 정답이 아니다. 하지만 지나치게 타인과의 관계를 통해 자신을 규정하려는 이들은 자신을 규정할 더 확고한 기반을 찾아야 할 것이다. 그래야 타인과의 관계에서 늘 일어날 수밖에 없는 상황 변화에 이리저리 끌려 다니지 않는다. 이는 너무 많이 생각하는 자신의 성향을 깨닫고 거기서 벗어날 전략을 세운 뒤에야 가능해진다.

타인의 감정을
그대로 전달받는 여자들

어쩌면 여자들이 남자들보다 더 감성적이라서 생각을 많이 하는 것일 수도 있다. 유치원 아이들에게 물어봐도 남자아이들보다 여자아이들이 더 많은 감정을 느끼고 더 많이 표현한다고 대답할 것이다. 일부 감정에 대해서는 이런 문화적 통념에 약간의 진실이 담겨 있을 수도 있다.

여자가 남자보다 더 감정적이다?

보스턴 대학의 심리학자 리사 펠드먼 바렛의 연구에서, 여자들 스스로가 남자보다 더 많은 감정을 느낀다고 말할 뿐 아니라, 여러 연령대와 여러 지역의 남녀를 직접 관찰한 결과, 여자들이 남자들보다 더 많은 감정을 드러내고 표현한다는 게 확인되었다.

펠드먼 바렛은 미국과 독일의 일곱 개 지역과 직업군의 연구 참여 자들에게 스무 가지 시나리오를 제시하고, 자신의 느낌과 다른 사람의 느낌을 설명해보라고 했다.

예를 들어, "제일 친한 친구가 당신과 같은 직장에서 일한다. 그해에 가장 좋은 성과를 거둔 사람에게 매년 최고의 직원 상이 주어지는데, 당신 친구가 그 상을 받았다. 당신은 어떤 기분이 들까? 당신 친구는 어떤 기분일까?"와 같은 시나리오를 제시한 다음 참여자들에게 대답을 적으라고 했다. 그리고 거기에 표현된 감정과 반응을 분석했다. 일곱 개 집단 모두 남자들보다 여자들이 자신의 감정과 다른 사람의 감정을 더 강하게 인식하는 것으로 드러났다.

이런 감정 인식은 여자들의 타고난 본성일까? 아마 그럴 수도 있지만, 어렸을 때부터 여자들이 남자들보다 더 감정에 관심을 기울이도록 훈련되었다고 믿을 만한 이유가 있다.

스탠퍼드 대학의 발달심리학자 엘리너 맥코비와 런던 심리학협회 주디스 던은 부모가 딸과 아들을 키우는 방식에 큰 차이가 있으며, 딸이 슬픔과 불안을 표현할 때는 관심을 기울이고 격려해주지만 아들이 그럴 경우에는 감정을 표현하지 못하게 막는다는 연구 결과를 발표했다. 남자아이에게 부정적인 감정을 표현하지 못하게 하면, 슬픔이나 두려움의 느낌을 억압하고 부인하게 되기 때문에 정신 건강에 좋지 않다고 주장하는 학자들이 많다. 여기에는 분명 어느 정도의 진실이 내포되어 있다.

하지만 부모가 딸의 부정적인 기분을 달래주는 것이 별 도움이 안 된다고 믿을 만한 이유도 점점 많아지고 있다. 그중 하나는 슬픔과 불안 같은 감정에 대해 말하게 하고 그 원인을 모조리 짚어내게 하는 것이다. 힘든 상황을 어떻게 바꿔야 할지 혹은 어떻게 대처해야 할지 생각하도록 이끌어주지 않는다면 이것은 아무런 도움이 되지 못한다.

부모가 자신의 무력함과 절망감을 표현하며 슬픔이나 불안의 감정들을 자주 얘기하는 경우도 있다. 그들은 주로 아들보다 딸 앞에서 그런 얘기를 한다. 그럼 딸은 거기서 전해지는 메시지를 매우 분명하게 알아차린다. 세상은 불행이 널려 있는 곳이며 불행에 집중하는 것 말고는 할 수 있는 일이 아무것도 없겠다고 받아들이는 것이다.

우리 연구진은 슬픔과 불안 같은 부정적인 감정을 얼마나 제어할 수 있냐고 남녀에게 물어보았다. 그런 감정을 제어하는 것이 불가능하며 달리 어쩔 도리가 없다고 답한 여자들이 남자들보다 훨씬 많았다. 안타깝게도 부정적인 감정과 거기에 결부된 생각을 한번 받아들이면, 그게 곧 생각의 늪으로 이어진다. 부정적인 감정을 조절하는 게 불가능하다고 여기는 사람일수록 생각을 너무 많이 하는 편이었다.

함께 있으면 더 생각에 빠지는 여자들

여자들은 보복과 관련된 과도한 생각에도 자주 빠진다. 친구들과 같이 적극적으로 문제 해결 방법을 찾거나 감정을 잘 조절할 수 있도록 서로 격려해주기보다, 마주 앉아서 서로의 감정을 과장되게 드러내는 경향이 있다. 친구들끼리 안 좋은 생각을 부추기고 맞장구치면 괴로움을 인정받고 이해받는 느낌이 들 수 있다. 하지만 당면한 문제들에 대해서는 여전히 아무런 해결책도 나오지 않는다.

헬렌과 베치의 경우도 마찬가지였다. 헬렌은 항공사 탑승구 직원이자 서른여덟 살 미혼 여성이다. 매일 아침 출근하려고 옷을 입을 때마다 그녀는 두려움이 마음과 몸을 무겁게 짓누르는 기분을 느낀다. 꽉 막힌 상사와 이기적인 직장 동료들, 시비 거는 고객들과 또 하루를 어떻게 버텨야 할지 알 수 없다. 그녀는 아침마다 '쇼핑 하고 싶다. 여행 가고 싶다. 탑승구 직원이 아닌 다른 흥미로운 무언가를 하고 싶다.'와 같은 자신이 하고 싶은 다른 일에 대해 생각한다.

그렇다면 헬렌은 왜 다른 직업을 찾아보려 하지 않을까? 이것은 그녀가 끊임없이 스스로에게 물어보는 질문이다. 이 질문에 대한 그녀의 생각은 보통 이런 식으로 흘러간다.

난 다른 일을 찾아봐야 돼. 그러려면 여기저기 알아보러 다녀야겠지? 많이 힘들 거야. 난 그럴 힘이, 아니 의욕이 없어. 난 너무 멍청한 것 같아. 마땅한 기술이 없으니 좋은 일자리를 구하긴 글렀어. 좋은 직장을 잡으려면 공부를 더 해야 돼. 대출을 받아볼까? 부모님한테 빌려달라고 할까? 부모님이 내가 하는 부탁을 뭐든 들어주실까? 난 너무 지쳤어. 이 모든 게 지긋지긋하고 피곤해.

헬렌의 생각은 이런 식으로 빙빙 맴돌 뿐이고, 교통 신호가 바뀌거나, 전화벨이 울리거나, 회사에서 누군가 말을 걸어오는 등 외부적인 뭔가가 생각을 방해하지 않는 한 계속 이어진다. 잠시 다른 일에 신경을 쓰고 나면 기분이 나아지지만, 조금이라도 시간 여유가 생기면 바로 다시 생각의 늪에 빠진다.

가끔 그녀는 친구 베치에게 전화를 건다. 그녀가 자신의 근심 걱정을 들어주고 동정해주리라는 것을 알기 때문이다. 하지만 베치와의 통화가 끝날 무렵이면, 항상 기분이 더 나빠진다. 베치는 헬렌이 털어놓는 불만에 "아, 그래? 어머나, 세상에."라는 반응밖에 보이지 않는다. 하지만 베치가 문제 해결책을 제시하면, 헬렌은 그 방법이 왜 효과가 없는지 이유를 열거하고, 자신의 상황을 진심으로 이해하지 못한다며 베치를 비난한다.

그러면 베치는 자신의 말을 취소하고 미안해하며 헬렌이 하는 모든 말에 "아, 그렇구나."라는 식으로 대답한다. 퇴근 시간이 되면 헬렌은 기운이 다 빠져버려서, 집으로 돌아가 간단한 음식을 먹고 텔레비전을 보다가 잠이 드는 게 고작이다.

다 같이 생각의 늪에 빠져야 서로에게 힘이 될 거라는 잘못된 믿음부터 버려야 한다. 여자들이 같이 늪에 빠져 허우적대지 않으려면 더 열심히 노력해야 한다.

지금까지 우리를 너무 많이 생각하게 만드는 이유에 대해 얘기했지만, 아직 희망은 있다. 이제부터는 과도한 생각에서 벗어나 더 생산적이고 행복한 삶을 살아가는 데 도움이 될 구체적인 전략을 제시할 것이다. 첫 번째 단계는 과도한 생각이 당신의 뇌를 뒤흔드는 그 힘을 깨부수는 것이다.

2부

복잡한 머릿속을
정리하는 법

과도한 생각이 우리를 놔주지 않는다면 어떻게 해야 할까? 2부에
서는 생각의 늪에서 빠져나오는 여러 방법에 대해 설명할 것이다.
우선 생각의 손아귀에서 벗어나야 하고, 새로운 관점으로 문제를
바라볼 수 있어야 한다. 그리고 앞으로 더 이상 함정에 빠지지 않
도록 필요한 준비를 갖춰야 한다.

Over
Thinking

4장

"생각이 나를 집어삼키기 전에"

과도한 생각에서 탈출하기

생각은
내 편이 아니다

과도한 생각의 늪에서 빠져나오는 것은 절대 쉬운 일이 아니다. 그 늪이 아무리 당신을 꽉 붙잡고 늘어지더라도, 패배적인 생각을 뿌리치고 탈출해야 한다. 병적인 생각이 당신을 감정의 진창으로 끌어내려 숨을 틀어막고 있다면, 이제 더 이상 미룰 수 없다.

이제 과도한 생각에서 벗어날 몇 가지 방법을 제안할 텐데, 당신에게 공감이 가는 내용도 있을 것이고 그렇지 않은 부분도 있을 것이다. 어느 쪽이라도 얼마든지 당신의 상황에 맞게 조정할 수 있다. 별로 노력하고 싶지 않거나 그래봤자 아무 소용없을 것 같다면 당신의 생각과 기분이 그쪽 방향으로 이끌어가는 것이다.

오리건연구협회의 심리학자들이 개척한 중증 우울증 환자들에 대한 개입 연구를 보면, 그들의 고통을 줄이고 회복에 박차를 가하기 위해서는 무엇보다 먼저 너무 많은 생각과 수동적인 태도의 악순환을 끊어야 한다고 말한다. 이 과정을 거친다면 몸과 마음이 한결 편안해질 것이다.

과도한 생각에 빠져 있다 보면 인생에 대해 뭔가 중요한 사실을 알아낸 것 같을 때가 있다. "지금까지 내가 너무 낙관적이었어. 이제 현실을 알겠어. 내 인생이 얼마나 한심한지 알겠어."라는 식의 깨달음 말이다.

소냐 류보미르스키와 함께한 실험에서 우리가 발견한 사실은 이렇다. 우울증 환자가 8분 정도 과도한 생각에 빠지면, 자신과 타인과의 관계에 대해 대단한 통찰력이라도 얻은 것처럼 느낀다. 예를 들면 다음과 같은 생각을 한다.

내 결혼 생활이 완전히 지옥이라는 걸 이제 알겠어. 난 절대 승진 못할 거야. 난 지극히 현실적인 사람이야. 그러니까 내가 대학원에 다닐 수 있는 방법은 없어. 내 어린 시절은 엉망진창이었어. 죽을 때까지 그 상처를 극복하지 못할 거야.

생각을 많이 할수록 인생은 더 흐려진다

정말 생각을 많이 하면 대단한 지혜와 통찰력을 얻게 될까? 그렇지 않다. 생각을 많이 한다고 해서 인생을 더 명확하게 볼 수 있는 것은 아니다. 오히려 인생의 잘못된 부분에만 집중하는 좁은 시야를 갖게 된다. 모든 것이 암울한 잿빛으로 변해서 도저히 대응 방법이 있을 것 같아 보이지 않는다. 해결 방법은 생각나지 않고 긍정적인 뭔가를 할 의욕마저 고갈된다.

자신이 새로운, 혹은 중요한 통찰력을 얻었다는 식으로 느끼면 과도한 생각에서 벗어나는 게 매우 힘들어진다. 그런 생각을 할 때 기분이 나빠진다는 이유만으로 중단하면 왠지 중요한 주제를 놓치는 것 같고 뭔가 잘못하고 있는 것 같다. '난 화낼 자격이 있고 우울해질 권리가 있어.'와 같은 생각과 함께 자신의 분노와 슬픔이 너무나 당연하게 느껴진다. 하지만 너무 많은 생각은 안 좋은 감정을 제어할 수 없을 정도로 불타오르게 부채질할 뿐이다. 우울해질 권리만 따라가다가 나중에 정말 후회할 수도 있다.

과도한 생각이 당신의 친구가 아니라는 사실부터 알아야 한다. 과도한 생각은 세상을 바라보는 통찰력이나 깊은 안목을 가져다주지 않는다. 오히려 당신이 자신의 생각과 감정을 마음대로 통솔할 수 없도록 힘을 빼앗아간다. 당신에게 거짓말을 하며 득이 되지 않는 일들을 생각하고 행동하라고 꼬드긴다.

자신이 너무 과도한 생각에 빠져 있는 것 같으면, "넌 내 친구가 아니야. 날 아프게 할 뿐이잖아. 저리 가!"라고 말해보자. 이 방법이 진부한 것 같아도 제법 효과가 있다. 너무 많은 생각이 당신 머릿속을 지배하려고 하면 적극적으로 소리쳐라. 그리고 여러 전략을 활용해 과도한 생각으로부터 더 멀리 떨어져라.

뇌를 8분이라도
쉬게 하자

과도한 생각에서 탈출하는 간단하면서도 중요한 전략 하나는 당신의 뇌에 휴식을 제공하는 것이다. 기분 좋은 무언가를 해보자. 단 8분 정도라도 다른 활동을 하면, 기분이 한결 나아지고 반복적인 생각의 악순환을 깨뜨리는 데 놀라울 정도로 효과적이다.

유쾌한 활동으로 머릿속 생각의 사슬을 끊어내면 생각이 더 긍정적이고 균형 있는 쪽으로 흘러간다. 부정적인 성향과 편견이 줄어들고, 문제 해결 방법에 대해 제대로 생각할 수 있으며, 그 방법을 실천으로 옮길 가능성도 높아진다. 즉 문제 해결 기술이 향상된다. 잠깐이라도 과도한 생각과 부정적인 기분을 밀어두고 즐거운 활동을 해보자.

서른아홉 살 주부 재니스는 아이들을 학교에 보내놓고 커피를 마시며 최근 일어난 모든 일에 대해 병적으로 생각하는 경향이 있다. 그렇게 30분만 앉아 있으면, 심한 패배감이 밀려들면서 당황스럽다. 아들의 나쁜 수학 성적, 연로한 어머니 걱정 등 자신의 삶에 있는 문제들을 어떻게 다뤄야 할지 제대로 생각할 수 없다. 하지만 결국은 집안일을 하거나 정성껏 뭔가를 요리하는 등의 방법으로 머리를 잠시 쉬게 해주는 것이 스트레스를 다루는 데 훨씬 효과적이라는 것을 알게 되었다.

내가 기운이 남아돌아서 이런 생각을 하는 거야. 다른 뭔가에 집중해야 돼. 빵이나 과자를 굽자. 몸을 움직이는 데 집중하자. 그럼 답 없는 문제에 끙끙대면서 머리를 싸맬 필요가 없어.

나만의 기분 전환법을 찾자

누구나 기분 전환을 위해 활용할 만한 자신만의 방법과 도구를 찾을 수 있다. 우리 연구에 참여한 이들이 가장 좋아하는 기분 전환 방법은 운동이었다. 조깅, 조정, 테니스, 라켓볼, 그 외의 다른 어떤 스포츠든, 운동을 하면 뇌에 생화학적인 활력이 생겨 기분 전환 효과가 생긴다.

우리의 몸에 맞는 운동을 선택하는 것이 중요하다. 스쿼시나 등산처럼 기술적으로 힘들고 정신을 집중해야 하는 스포츠가 무의식적으로 할 수 있는 단순한 스포츠보다 기분 전환에 더 효과적이다. 예를 들어, 장거리 달리기를 하는 사람들은 어느 순간 몸이 자동적으로 움직이게 되기 때문에 불필요한 생각에 빠질 가능성이 있다. 달리기나 수영처럼 혼자 하는 스포츠를 오래 해온 사람이라면, 일상에 자주 변화를 만들어야 몸뿐 아니라 정신에도 활기를 불어넣을 수 있다.

유리 세공, 원예, 모형 조립, 그림 그리기 같은 취미도 훌륭한 기분 전환 방법이다. 그 활동에 정신없이 빠져드는 게 중요하다. 새로운 기술을 익혀야 하는 무언가를 찾아보자. 취미 생활과 운동 모두 당신에게 성취감을 부여하고 정체성을 강화시키는 효과를 발휘할 수 있다. 생각의 늪에 빠져들지 않도록 막아주는 역할도 한다.

책이나 영화에 몰두함으로써 과도한 생각에서 벗어나는 이들도 있고, 열심히 일을 하면 기분이 좋아지고 자신감도 강해진다고 말하는 사람들도 있다. 아이들과 놀아주는 것 역시 쓸데없는 생각에서 벗어나 삶의 중요한 것들을 재확인할 수 있는 기회가 된다. 자녀가 없다면 반려동물도 좋다. 강아지와 같이 달리거나, 새 장난감을 갖고 노는 고양이를 지켜보는 것도 훌륭한 기분 전환 방법이다.

다른 사람들을 돕는 일은 자신의 가치관을 표현하면서 기분도 좋아지는 멋진 방법이다. 노숙자 쉼터에서 봉사를 해도 좋고, 환경단체에서 주도하는 공원 청소에 참여해보자. 거동이 불편한 노인들에게 도시락을 가져다줄 수도 있다. 사회 활동으로 당신의 가치관을 확고히 하며 불우한 이웃들과 시간을 보내고 나면, 지금 당신의 걱정거리를 새롭게 바라볼 수 있을 것이다.

이런 기분 전환 방법은 뇌 속에 있는 부정적인 교점들의 관계를 깨뜨려 당신을 생각의 늪에서 해방시킨다. 얼기설기 연결된 전선을 잘 랐을 때 동네 전기가 한꺼번에 나가는 것과 같은 논리다. 부정적인 교점들의 연결이 끊어짐으로써, 안 좋은 감정을 자극하고 더 많이 생각 하라고 부추길 힘이 사라지는 것이다.

물론 기분이 좋아질 일만 하면서 생각을 피하는 것은 건강하지 못 하다. 많은 심리학 연구들은 고질적으로 부정적인 감정을 부인하거나 회피하는 사람들에게 초점을 맞춰왔는데, 이게 좋은 일이 아니라는 것은 의심의 여지가 없다.

하지만 나는 자신의 부정적인 감정과 고민에 대해 너무 많이 생각 하고, 그래서 통제 불능의 우울증, 불안, 분노의 감정으로 빠져드는 사람들에게 관심이 있다. 이들은 가끔 기분 전환을 시도하는 것이 도 움이 된다. 잠깐의 기분 전환이 감정의 급격한 추락을 막고 보다 효과 적으로 문제에 대응할 수 있도록 이끌어준다.

절대 하면 안 되는 기분 전환법

기분 전환 방법 중에서 해로운 방법도 있다. 특히 여자들이 불쾌한 기분을 줄이기 위해 '폭식'이라는 방법을 자주 사용한다. 먹을 때는 기 분이 좋지만 나중에 기분이 더 나빠지는 게 일반적이다. 신체적으로 는 너무 배가 불러서 토하고 싶고, 감정적으로는 아마 자신에게 화가 나고, 속상하고, 어떻게 해야 할지 모르는 기분이 들 것이다. 결국 폭 식은 더 많은 생각과 걱정을 불러일으킬 뿐이다.

어떤 사람들은 술로 근심 걱정을 익사시키려고 한다. 단기적으로는 효과적일 수 있지만 장기적으로는 역효과가 나타난다. 술은 중추신경을 억제해 기분을 끌어내린다. 그러면서 부정적인 생각이 더 활성화된다. 술은 자기 자신에게만 몰두하게 하며, 당연히 너무 많은 생각을 저지할 능력도 없다. 게다가 잦은 음주로 여러 가지 문제가 생기면 걱정이 더 늘어난다.

부동산중개업자로 일하는 스물여덟 살 폴라가 그랬다. 폴라의 생각을 지배하는 주제는 주로 전남편 빈스와 관련된 것이었다. 그녀는 남편이 자신의 친구와 바람피우는 사실을 알게 된 후 이혼을 선택했다. 이혼하기 전 그들은 집 살 돈을 모으기 위해 열심히 일했고, 폴라는 형편이 나아지면 대학원에 진학할 계획도 갖고 있었다. 하지만 그런 날은 오지 않았다. 그 이유 중 하나는 빈스가 자신을 위해 돈을 너무 많이 썼기 때문이다. 그는 골프클럽 회원권, 헬스클럽 회원권, 휴가용 공동주택을 사들이는 데 돈을 썼다. 그녀가 불평하면 이렇게 말했다.

"인생 뭐 있어? 즐기는 게 남는 거야. 너무 고지식하게 굴지 마."

빈스의 외도를 알게 됐을 때, 폴라는 큰 충격을 받았다. 빈스가 자신을 용서하고 떠나지 말아달라고 애원했지만, 그녀는 너무 화나고 상처를 받아서 대화를 아예 거부한 채 최대한 빨리 이혼 서류를 접수했다. 이혼이 결정된 후 폴라는 자신이 과연 잘한 것인지 수없이 생각했다. 빈스가 문제인 것은 분명했고, 그녀는 자신을 보호할 권리가 있었다. 하지만 혼자 있을 때면 마음을 어지럽히는 질문들이 꼬리에 꼬리를 물고 이어졌다.

빈스가 바람피우는 걸 어떻게 몰랐을까? 그 일만 아니었으면 우린 잘 살았을 거야. 넉넉하고 부유하진 않더라도 나름대로 즐거웠을 거야. 그런데 이제 나에게 남은 건 아무것도 없어. 나 혼자 벌어서는 절대 대학원에 못 갈 거야. 왜 좀 더 노력하지 않았을까?

이런 생각에 빠지면 폴라의 기분은 빠르게 곤두박질쳤다. 그럴 때마다 폴라는 냉장고에 항상 준비해두는 와인을 한 잔 따라 마시곤 했다. 되도록 밤에만 마시려고 노력했지만, 일하는 시간을 조정할 수 있었기 때문에 가끔 낮에 집에 들러 술 한 잔으로 긴장을 풀기도 했다.

하지만 시간이 흐르면서 술 한 잔으로는 긴장이 풀었다. 그래서 몇 시간 동안 소파에 앉아 와인 서너 잔을 마시며, 결혼생활을 파탄으로 몰고 간 빈스와 자기 자신에게 욕을 퍼부었다.

지난 6개월간 그녀가 낮술을 마시는 횟수는 점점 늘어났다. 주중에도 거의 하루에 두 잔씩 꼬박꼬박 마셨다. 나중에는 고객을 만나거나 집을 보여줘야 할 시간에도 술잔을 들고 있었다. 고객이 오후 2시에 입에서 술 냄새가 난다며 "즐거운 점심시간을 가졌던 모양"이라고 말한 이후로는 낮에 마시는 술을 와인에서 보드카 토닉으로 바꿨다.

지난 6개월 동안 폴라가 집에서 술을 마시다가 고객과의 약속을 잊거나 중요한 약속을 놓친 적이 한두 번이 아니다. 당연히 그녀의 실적은 기하급수적으로 하락했고, 상사도 문제를 알아차렸다. 폴라는 너무 많은 생각과 분노, 우울증, 잘못된 음주 습관 때문에 빠르게 침몰하고 있었다.

지금 폴라에게 필요한 것은 무엇일까? 그녀는 자신의 잘못을 탓하고 전남편에 대한 분노를 되새기는 상태에서 벗어나야 한다. 스스로의 힘으로 인생을 다시 일으켜 세워야 한다. 하지만 술을 이용해서 속상한 마음을 잊으려는 행동을 그만두기 전까지는 그렇게 할 수 없을 것이다. 알코올은 과도한 생각을 떨쳐내는 데 효과적인 방법이 아니다. 오히려 더 많은 생각거리를 유발하는 원인이 된다.

과도한 생각에서 벗어나게 할 긍정적인 기분 전환 방법은 정말 많다. 안 좋은 생각을 쫓아내고, 기분을 밝게 하고, 자기 삶을 스스로 조절해 만족감을 느낄 수 있는 방법을 찾아보자.

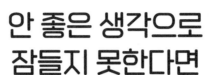

안 좋은 생각으로
잠들지 못한다면

연구에 의하면 정신을 집중해서 몸을 움직이는 활동이 과도한 생각을 끊어내는 데 가장 효과적이었다. 우리 연구진은 우울한 사람들에게 두 가지 기분 전환 방법을 제시했다. 하나는 일어나 방 안을 돌아다니는 일이었고 다른 하나는 책상에 조용히 앉아서 할 수 있는 일이었다. 활동적인 방법 쪽이 우울함을 달래고 과도한 생각을 줄이는 데 더 낫다는 결과가 나왔다.

그 이유가 뭘까? 몸을 움직이는 활동을 하면 기분과 생각에 긍정적인 영향을 미치는 생화학적 효과가 나타난다. 뇌에서 노르에피네프린과 세로토닌 같은 화학 물질이 분비되는 것이다. 이런 이유가 아니더라도 활발하게 움직이면서 정말 자기가 하는 일에 집중하면 다른 생각에 빠질 겨를이 없다.

밤에 하는 생각을 믿지 말자

한밤중에 누워 안 좋은 생각을 하고 있다면 차라리 일어나 움직이자. 15분 이상 생각에 잠겨 침대에 누워 있었다면, 일어나서 방을 나서라. 조금만 더 버티면 걱정을 차단하고 잠들 수 있으리라는 생각의 덫에 빠지지 마라. 밤에 여러 문제를 생각하면 깊은 통찰력을 얻을 거라는 생각의 덫에도 빠지지 마라.

밤에 하는 생각은 주로 두렵고 불안한 쪽으로 흐르기 쉽기 때문에 정신 건강에 도움이 되지 않는다. 더구나 그런 생각을 하느라 잠을 못 자면, 다음날 피곤해서 머리가 잘 돌아가지 않고 상황 대처 능력도 떨어진다.

차라리 잠자리에서 일어나 거실이나 서재 같은 조용한 장소로 가서 기분 전환이 될 만한 재밌는 책을 읽어라. 일하는 건 안 된다. 우울하고 괴로운 내용의 책을 읽는 것도 바람직하지 않다. 마음에 드는 재밌는 책을 읽다가 잠이 올 것 같으면 다시 침대로 돌아가라.

유독 생각을 많이 하게 되는 장소가 있다면, 분위기를 바꿔보는 것도 좋다. 예를 들어 나는 책상 여기저기에 널려 있는 서류를 보면, 할 일이 너무 많은 것 같아서 걱정되기 시작한다. 책상을 정리하고 불필요한 서류를 치워야 걱정이 좀 가라앉는 것 같다. 그 상황에 대해 뭔가 할 수 있다는 느낌 때문인지, 아니면 몸을 움직여서 그런 건지, 사무실 모양새가 달라져서 그런 건지는 모르겠다. 아마 세 가지가 다 영향을 미쳤을 것이다. 너무 많은 생각을 하게 하는 장소가 있을 때 그 풍경을 조금 바꾸면 고민하는 시간을 줄일 수 있다.

때때로 너무 생각이 많아서 머리가 터질 것 같다면, 그곳을 그냥 벗어나는 게 도움이 되기도 한다. 산책을 하거나, 드라이브를 가거나, 점심 먹으러 나갔다 오자. 생각을 너무 많이 하게 만드는 곳에서 잠시 떨어져 나와, 기분을 환기해줄 즐거운 무언가를 하는 게 중요하다.

"그만해"라는
말의 쓸모

때론 생각의 늪에서 벗어날 기분 전환 방법을 찾기 힘들거나 신체적으로 몸을 움직이기 어려운 상황이 있을 것이다.

캐럴린를 예로 들어보자. 월스트리트 투자사 임원으로 일하는 마흔 살 캐럴린은 정말 재미없는 발표를 들으며 앉아 있다. 발표자는 주식시장이 흘러가고 있는 방향에 대해 현실과 동떨어진 말을 하고 있는 것 같다.

앉아 있기가 따분해진 캐럴린은 어젯밤에 남자친구 네드와 다퉜던 사건을 생각하기 시작했다. 그들은 영화를 보고 있었다. 사실 네드는 영화를 보지 않고 화면이 아닌 캐럴린을 빤히 쳐다보고 있었다. 그녀의 모습이 그날따라 매력적으로 보였던 모양이다. 하지만 그녀는 피곤하니까 자신을 건드리지 말라고 말했다.

그 후로 영화를 보는 몇 시간 동안 네드의 기분이 별로 좋지 않았다. 캐럴린은 그를 달래주는 대신 화를 내며 그에게 이기적이라고 비난했다. 그러자 네드는 그녀에게 불감증이라며 맞받아치고 자신의 집으로 갔다. 캐럴린은 새벽까지 잠을 이루지 못하고 그 싸움에 대해 생각했다. 네드와의 관계에 무슨 문제라도 생길까 봐 걱정스러웠다.

생각을 스스로 제어해야 하는 순간

네드와 싸웠던 일을 너무 많이 생각하다 보니, 네드가 했던 말이 혹시 사실인지 걱정되기 시작했다. 그녀가 정말 불감증일까? 생각하면 할수록 뭔가 잘못되었다는 느낌이 들었다. 엄마가 사십 대에 이미 육체적 관계에 대한 관심을 완전히 잃어버렸다고 했던 말이 떠올랐다. 유전적인 영향일까? 엄마처럼 불감증인 걸까?

캐럴린은 지금 당장 자신의 이런 생각을 제어해야 한다는 것을 깨달았다. 보통은 운동하러 가거나 책을 읽는 방법으로 과도한 생각을 중단시켰지만, 지금 상황에서는 그 무엇도 할 수 없었다. 그래서 마음속으로 크게 소리쳤다. "그만해!" 그 외침이 잠시 머릿속 생각을 가로막았다.

다시 과도한 생각을 하려고 했을 때 그녀는 또 한 번 마음속으로 소리쳤다. "그만하라니까!" 그리고 눈앞의 종이에다 멈춤 신호를 그린 다음, 굵직한 글씨로 '그만'이라고 적었다.

이렇게 생각을 중단하니, 관심을 전환시킬 것을 찾아 방을 둘러볼 여유가 생겼다. 별다른 게 눈에 띄지 않자 그녀는 발표하는 남자의 말을 제대로 들어보기로 결심했다. 그가 하는 모든 말에 조목조목 반박 글을 적어보면 재미있을 것 같았다. 이것은 꽤 집중이 잘 되는 일이었고, 캐럴린은 회의가 끝날 때까지 네드에 대한 생각들을 떨쳐낼 수 있었다.

누구나 자신의 마음에 "그만해!"라고 외칠 수 있다. 부정적인 생각이 소용돌이칠 때 자신에게 그만하라고 외칠 효과적인 방법이 무엇인지 찾아보자. 진짜로 장난감 가게에서 작은 멈춤 표지판을 사서 책상이나 지갑에 넣고 다니는 방법도 있고, 직접 멈춤 표지를 그려서 책상이나 사무실 벽에 붙이는 방법도 있다.

"그만해!"라는 말 대신 다른 단어나 문장이 효과가 있을 수도 있다. "안 돼!", "여기서 멈춰!", "이제 충분해!" 이런 말을 시도해보자. 당신에게는 어떤 말이 부정적인 생각의 흐름을 가로막는 데 효과적일까? 그것은 잠깐 동안이라도 당신의 생각을 멈추게 할 뿐만 아니라, 어쩌면 좀 더 오랫동안 효과를 발휘할 만한 다른 방법을 찾아낼 기회가 될 것이다.

걱정에서
한 걸음 떨어지기

몇 분 정도 과도한 생각의 흐름을 막으면, 걱정에서 멀어질 방법을 찾아낼 여유가 생긴다. 다른 사람과의 갈등에 대해 씩씩거리며 계속 생각하고 있다면, 자신에게 이렇게 말해보자.

"난 이 따위 생각에 지지 않을 거야. 내가 이길 거야!"

그래도 안 좋은 생각이 계속된다면, 전에 당신이 비참하게 졌던 싸움을 되새기며 거기에 맞서라. 화가 잔뜩 난 생각으로부터 한 발짝 물러난다고 해서 상대편 주장에 굴복하거나 패배를 인정한다는 뜻이 아니다. 그 성난 생각에 지배당해 기분을 망가뜨리지 않는 게 중요하다. 갈등으로부터 잠시 물러났다가, 적정한 해결책을 찾을 수 있는 정신상태와 지성이 회복되었을 때 그 문제를 다시 생각하면 된다.

타인의 기준과 나의 기준이 어긋나는 순간

케이는 오늘 아침에 받은 편지 한 통 때문에 머릿속이 뒤집어질 것 같았다. 그 편지 내용은 그녀의 잔디 깎는 습관에 대한 것이었다. 그녀는 지난 4년 동안 토요일 오전에 잔디를 깎았고 이웃사람 누구도 불평하지 않았다. 항상 잠자는 사람들을 깨우지 않으려고 오전 11시가 넘을 때까지 기다렸다가 잔디를 깎았다. 그것도 30분 안에 얼른 끝냈다. 그녀는 그 시간이 좋았고, 말끔하게 정돈되어 있는 잔디를 보면 뿌듯하고 자랑스러웠다.

그런데 오늘 아침에 입주자협회 이사회로부터 공식 편지를 받았다. 잔디 깎는 시간에 대해 불만이 접수되었으니, 월요일에서 금요일까지 오전 9시에서 오후 5시 사이에만 잔디를 깎아야 한다고 적혀 있었다. 그 시간은 항상 케이가 회사에 있을 시간이기 때문에 당연히 그 요구에 따를 수 없었다. 그렇게 하려면 잔디 깎는 사람을 고용해야 하는데, 괜한 돈을 들이고 싶지 않았다.

내가 그 시간에 잔디 깎는 게 싫었으면 왜 직접 찾아와서 말하지 않은 거야? 내가 내 잔디를 깎겠다는데 왜 다른 사람이 언제 어떻게 깎아라 마라 하는 거야? 할 일이 없어서 여기저기 기웃거리는 사람들이겠지. 자기는 주중에 나가서 일할 필요가 없다 이거잖아.

그녀가 이런 과격한 생각을 하는 게 어느 정도는 이해가 가지만, 그녀는 두 시간 동안 그 편지를 생각하며 분통을 터트리느라 정작 해야 할 일에 집중하지 못했고, 뱃속이 꼬이는 느낌이었다. 그녀는 동네 사람들한테 어떤 방법으로 되갚아줄지, 이사회에 어떻게 말해야 분한 마음을 풀 수 있을지 생각하고 또 생각했다. 그러는 사이에 몸 상태는 점점 더 안 좋아졌고, 기분도 점점 악화되었다. 그녀의 하루가 완전히 망가지고 있었다.

케이는 "이제 그만!"이라고 자신에게 소리쳤다. 이렇게 극단적으로 생각을 거듭하는 게 바로 지는 거라고 자신에게 말했다. 생각의 늪에서 빠져나오고 싶었지만, 억울한 마음이 부글부글 끓고 있는 상황에서 그게 쉬운 일은 아니었다. 어떻게든 기분을 풀어야 했다. 자신이 생각의 주인이 되어 스스로를 통제해야 했다.

뇌에 휴식을 주면서 생각을 중단했더니, 문득 이사회가 주말에 잔디 깎지 말라고 강요할 권리가 있는지 회칙을 찾아봐야겠다는 아이디어가 떠올랐다.

회칙을 훑어봤지만 이사회 판결에 이의를 제기할 권리가 있는지 없는지 감이 잡히지 않았다. 그래서 아들의 소프트볼 경기에 갔다가 알게 된 변호사 친구에게 그날 저녁 회칙을 보여주었다. 그는 '변호사와 상의한 결과 주말에 잔디를 깎을 권리가 있다는 확인을 받았다.'라는 내용으로 이사회에 편지를 보내라고 조언했다. 그러면 문제가 해결될 수 있을 거라고 했다. 그 친구의 충고대로 따랐더니, 그 후로 이사회는 더 이상 그녀를 귀찮게 하지 않았다.

집요하게 달라붙는 생각이 상황에 관한 것이라면, "이 상황에 절대로 휘둘리지 않겠다."라고 마음속으로 소리치거나 아니면 당신이 스스로를 조절할 수 있는 또 다른 말을 반복해보자. 자신의 생각에 지배당하면 안 된다. 신경 쓰이는 그 상황에 대해 언제 어떻게 생각할 것인지 스스로 결정는 것이 중요하다.

일의 우선순위를 정하자

당신의 생각을 점령하고 있는 걱정이나 문제를 던져버릴 수 없다면, 생각할 시간을 따로 잡아서 그 상황을 조절하자. 다른 일을 하지 않고 집중해서 그 생각만 할 시간을 정하는 것이다. 자신에게 이렇게 말하자.

"난 문제를 회피하는 게 아니야. 지금은 다른 신경 쓸 일이 있으니까 나중에 조용히 생각할 시간을 가지려는 거야."

그리고 당장 처리해야 할 일을 하거나 아이를 돌보거나 잠을 자는 등 필요한 일에 집중하면 된다.

그런데 재미있는 것은, 정작 정해진 시간이 되면 그 문제가 전에 생각하던 것처럼 심각하게 느껴지지 않는다. 제멋대로 날뛰는 생각에 빠져들었을 때는 자신이 인생을 낭비하고 있다거나 자녀와의 관계가 엉망진창이라는 게 너무나 확실하게 느껴졌을 것이다. 악다구니하는 생각에 빠져 있었을 때는 자신이 분명 희생양인 것 같고 자신에게 상처를 준 상대방에게 몇 배로 되갚아줄 수 있는 방법이 무엇일지 미치도록 생각했을 것이다.

그런데 정해진 시간에 다시 생각해보면, 별거 아닌 문제인 것 같고 어느 정도 감당할 수 있을 것처럼 느껴지기도 한다. 상처를 준 사람들이 괴물이 아닌 인간으로 보이기 시작하고, 복수해야 할 필요성에 대해서도 확신이 줄어든다. 과도한 생각의 늪에서 빠져나온 것이 기분을 가볍게 하고 생각을 명확하게 만들어주었기 때문에, 진짜로 생각할 시간이 됐을 때는 좀 더 균형 잡힌 관점으로 생각할 수 있게 되는 것이다.

생각하는 시간을 정할 때, 잠자기 직전은 피하자. 괴로운 생각은 모두 간직한 채 잠들고 싶지는 않을 것이다. 비교적 기분이 좋을 때, 혼자 혹은 믿을 수 있는 친구와 조용히 앉아 걱정거리를 생각할 수 있을 때로 시간을 잡아라.

만약 그 시간에 생각이 너무 격렬하게 흘러가는 것 같으면 잠시 휴식을 취할 필요가 있다. 그러지 않았다가는 깊고 깊은 절망의 구렁텅이로 떨어질 수 있다. 자신이 이 구렁텅이에 떨어질 것 같으면, 친한 친구나 치료사에게 도움을 받아보는 방법도 고려해보자.

생각을 밀어내는
명상의 힘

요즘 우리가 사는 이 세상이 꽤나 비종교적이긴 하지만, 놀랍게도 우리 연구진이 인터뷰한 사람들 중에서 과도한 생각과 고통에서 벗어나기 위해 기도나 영적인 명상에 의지한다고 대답한 사람이 40퍼센트에 달했다.

종교가 없는 사람도 심하게 불안하고 걱정스러울 때 신적인 존재에게 도와달라거나 힘을 달라고 기도하는 것으로 나타났다. 공식적으로 종교가 있는 사람이 아니라도, 힘든 시기에 어떤 커다란 힘이 자신을 인도해줄 수 있으리라고 느끼는 사람들이 그만큼 많다는 뜻이다.

기도하는 게 내키지 않거나 무신론자라면, 명상을 고려해보자. 명상에는 여러 형태가 있다. 워싱턴 대학의 심리학자 앨런 말래트는 중독과 강박 행동을 지닌 고객들이 증상을 극복할 수 있도록 명상법을 가르치는데, 명상에는 기본적으로 집중 명상과 통찰 명상이라는 두 종류가 있다.

집중 명상과 통찰 명상

집중 명상은 그 순간, 혹은 마음에 품은 이미지나 어떤 문장에 골똘히 관심을 집중하는 것이다. 그리하여 과도한 생각이 자연스럽게 떨어져 나가도록 유도한다. 몸의 긴장을 풀어 이완시키고 호흡을 규칙적으로 조절한다. 숨이 코로 들어갈 때의 시원함과 나올 때의 따뜻함을 느끼며 각각의 호흡에 정신을 집중한다. 심란한 생각이 들면, 마음을 안정시켜줄 호흡이나 이미지나 문장으로 부드럽게 관심을 전환시킨다. 10분쯤 지나면 몸이 편안해지고 기분이 가벼워지는 것을 느낄 수 있을 것이다.

통찰 명상은(영국 의학연구심의회의 심리학자 존 티즈데일은 '마음 챙김' 명상이라고도 부르는) 순간순간 자신의 안에서 일어나는 느낌, 신체적인 감각, 이미지, 생각 등을 예리하게 인식하는 것이다. 이런 생각이나 감각에 맞서 싸우기보다, 초연한 관찰자의 태도로 그것을 받아들인다. 마음에 일어나는 생각이나 감각을 평가하려고 하지 말고, 그저 그것이 생겨났다가 사그라지는 과정을 지켜본다.

목표는 '정신적으로 자신에게서 벗어날 수 있는' 능력을 키우는 것이다. 이 능력을 키우면 더 이상 머릿속 생각이 당신을 지배하거나 자신에 대한 느낌을 좌지우지하지 못할 것이다. 객관적이고 냉정하게 자신을 관찰할 수 있다.

어딘가에 가서 명상 수업을 듣거나 전문가에게 따로 명상법을 배우고 싶은 마음이 없다면, 명상 관련 입문서를 찾아보는 것도 도움이 된다. 책에는 부정적인 생각을 떨쳐내고 마음을 진정시키는 데 도움이 될 기법들이 가득 들어 있다. 세 번 심호흡하며 폐로 들어오고 나가는 공기의 느낌에 집중하는 것만으로도 과도한 생각의 사이클을 잠시나마 끊어낼 수 있다.

이 모든 얘기가 이해되지 않을 수도 있다. 아니면 명상처럼 단순한 방법이 당신이 마주하고 있는 거대한 문제에 영향을 줄 수 있으리라는 게 믿어지지 않을 수도 있다. 하지만 심리학자 앨런 말래트, 존 티즈데일, J. 카바트-진의 연구에서 심각한 우울증이나 공황발작, 강박장애, 식이장애, 약물중독을 겪는 환자들이 명상법을 활용했을 때 감정과 생각과 행동을 조절하는 데 도움이 된다는 사실이 밝혀졌다.

명상은 만성통증 심혈관계 질환 같은 신체적인 질병을 겪는 이들에게도 도움이 된다. 명상법을 익히기 위해 다른 어떤 종교를 믿을 필요는 없다.

명상이 어떻게 효과를 발휘하는 것일까? 여기에 대해 몇 가지 이론이 있지만, 솔직히 우리가 제대로 아는 것은 별로 없다. 명상을 통해 얻어지는 긴장 이완은 불안, 분노, 우울의 영향력을 중화시킨다. 한동안 이런 감정에서 멀어지면, 과도한 생각을 밀어내게 되고 정말로 기분이 더 나아질 수 있으리라는 확신이 생길 것이다.

명상이 우리 뇌에 있는 두 개 구역을 가로질러 활동을 균형화시킴으로써 유익한 효과를 낼 수 있다는 연구 결과도 발표된 바 있다. 존 티즈데일 역시 명상을 통해 부정적인 생각과 거리를 두면 자신이 생각에 조정당하기보다 생각을 조정할 수 있다는 느낌이 생겨난다고 말한다. 그러면 자기 패배적인 방식을 극복하거나 버릴 수 있으며, 자신을 사랑하는 마음과 자신 있는 태도로 문제들을 공략할 수 있다.

한 명만
있으면 된다

과도한 생각에서 벗어나는 방법 중 하나는 믿을 만한 가족이나 친구와 이야기하는 것이다. 우리 연구진이 인터뷰한 사람 중 90퍼센트가 적어도 가끔 자신의 머릿속에서 뛰어다니는 너무 많은 생각을 타인에게 이야기한다고 답했으며, 57퍼센트는 과도한 생각의 사이클을 깨기 위해 자주 또는 항상 다른 사람들과 이야기한다고 대답했다.

다른 누군가와 이야기할 때 그 사람이 당신의 고민을 인정하고 이해한다면 부정적인 생각의 악순환을 끊어내는 데 도움이 될 것이다. 또한 생각을 정리하고 문제를 해결하는 데도 효과를 발휘한다.

예를 들어 좋은 친구는 당신이 왜 기분 나쁜 상태인지 그 상황에 대해 자세히 설명하도록 이끌고, 당신이 희생양이라는 점에 동의하고, 그 상황에 대응하는 좋은 반응이 무엇인지 생각하게 하고, 최선의 행동을 실천으로 옮길 수 있도록 자신감을 북돋아준다.

고민을 털어놓을 때 주의해야 할 것

하지만 머릿속의 너무 많은 생각을 다른 사람에게 얘기했다가 오히려 역효과가 날 수도 있다. 친구들이 당신의 문제를 객관적으로 바라볼 수 있게 도와주는 것이 아니라 같이 앉아서 과장된 감정을 드러내며 맞장구나 친다면, 당신의 근심 걱정은 더 심각한 상태로 치달을 것이다.

여기서 중요한 점은, 친구들과 얘기하다가 부정적인 생각이 너무 심해진다 싶을 때를 알아차려야 한다는 것이다. 친구에게 직접 부탁할 줄도 알아야 한다. 당신이 생각의 악순환에서 빠져나와 문제를 더 효과적으로 생각하고 해결책을 찾아낼 수 있도록 도와달라고 말이다.

테리의 예를 들어보자. 테리는 누군가에게 자신의 마음을 털어놓아야 할 것 같은 기분이었다. 아침에 그녀는 남편 조와 심하게 다퉜고, 결국 조의 입에서 이혼 얘기까지 튀어나왔다. 지난 몇 개월 그들의 결혼 생활이 그리 순탄치 않았던 것은 분명하지만, 그래도 조가 이혼 얘기를 꺼냈다는 게 믿기지 않았다. 마음이 너무 복잡하고 생각이 많아서 운전에 집중할 수가 없었다. 그러다 하마터면 사고가 날 뻔했다. 결국 그녀는 친구 수의 집으로 차를 몰았다.

테리와 수는 고등학교 때부터 좋은 친구였다. 둘 다 좋은 대학에 들어갔고, 졸업한 후에는 다시 고향으로 내려왔다. 수는 집에서 아이들을 돌보는 전업주부의 삶을 택했으며, 테리는 회계사로 열심히 일하고 있었다. 수와 테리가 다른 누구보다 친한 친구 사이는 아니었지만, 마음이 복잡할 때 마음을 진정시키고 명료하게 생각하게 해줄 수 있는 사람으로서 수보다 더 적합한 친구는 없었다.

수는 현관문을 열자마자 테리의 상태가 정상이 아니라는 것을 알아차렸다. 그녀는 테리를 집안으로 들어오게 하고 갓 뽑은 커피를 가져다주었다. 테리는 커피는 손도 대지 않고 불쑥 털어놓았다.

"조가 이혼하자고 하네. 나 어떻게 해야 해? 지금처럼 계속 살고 싶진 않아. 하지만 그렇다고 이혼하고 싶은 건 아니야. 머리가 전혀 돌아가질 않아. 아무 생각이 안나! 아무것도 못 할 것 같아."

수는 테리에게 우선 진정하고 커피부터 마시라고 말했다. 그리고 그날 아침에 무슨 일이 있었는지, 테리가 결혼 생활에서 중요하게 여기는 문제점이 무엇인지 얘기해보라고 했다. 수는 주로 듣는 쪽이었지만, 테리가 결혼 생활을 망쳤다며 자책하거나 자신의 무력함과 절망감을 표현하기 시작하면, 다시 심호흡을 하라고 권했다. 천천히 사실만을 얘기하라고 깨우쳐주기도 했다.

그들은 그렇게 몇 시간 동안 대화를 나눴다. 결국 테리의 격한 감정은 처음보다 많이 진정되었다. 다른 누군가에게 자신의 괴로움을 인정받고 격려받았다는 느낌이 그녀의 마음을 한결 가라앉혔다.

수는 이제 테리가 남편에게 어떤 반응을 보여야 할지에 대해 결정할 수 있도록 도와주었다. 테리는 잠시 생각한 뒤 이 결혼을 지키기 위해 좀 더 노력하고 싶다는 내용의 편지를 써서 남편에게 전달하기로 했다. 수는 다른 친구가 결혼 위기를 맞았을 때 큰 도움을 받았다는 부부관계 상담자의 전화번호를 찾아주었다.

수의 집을 떠날 무렵 테리는 여전히 남편과의 문제를 잘 해결할 수 있을지 불안한 상태였다. 하지만 전보다 더 차분하게 시간을 보내고 저녁에 조를 마주할 수 있을 정도의 상태가 되었다.

친구에게 도움을 받고 싶다면, "난 지금 어떻게 해야 할지 모르겠어. 머리가 꽉 막히고 무기력한 기분이야. 이 문제를 어떻게 풀어야 할지 네가 좀 도와줘"라고 말해보자. 이렇게 직접적으로 도움을 청했는데도 친구가 여전히 애매하게 맞장구만 치거나 오히려 자신의 걱정거리를 늘어놓기 시작한다면 다른 친구를 찾아보는 게 낫다.

삶의 스트레스를 다루는 데 능숙한 수 같은 친구들을 찾아보자. 살면서 스트레스를 전혀 안 받는 사람이 어디 있을까. 스트레스를 받더라도 불안감이나 걱정에 휘둘리는 것 같지 않은 그런 친구가 분명히 있을 것이다.

글로 쓰면
막을 수 있다

다른 사람한테 얘기하는 게 내키지 않는다면, 종이에 생각을 적는 것도 꽤 도움이 된다. 마음속 두려움을 문장으로 옮기면, 한계와 체계 같은 것이 보이기 시작한다. 머릿속에서 걷잡을 수 없이 회오리치던 생각이 종이 위의 작은 흔적으로 바뀌어, '걱정'이라는 하나의 범주로 제한된다.

그래서 생각을 종이에 적으면 조절 감각이 생겨난다. 근심 걱정을 단어로 바꿔 종이나 컴퓨터 화면에 옮기면, 걱정이 당신을 좌지우지 하는 게 아니라 당신이 그것을 조절할 수 있다는 느낌이 드는 것이다. 글을 쓰는 게 뇌 속에 있는 사악한 것들을 몰아내는 것 같다고, 그래 서 마음을 한결 가볍게 만든다고 말하는 사람도 있다.

성장한 자녀들의 행복에 대해 자주 생각하는 쉰 살의 주디는 우리에게 이렇게 말했다.

마음에 있는 걱정을 종이에 적어 밖으로 꺼내면, 그 문제는 이미 내 손을 떠나 신의 손에 맡겨져요. 내 속의 감정을 거창하게 드러내는 게 나에게는 가장 훌륭한 대응 전략이에요. 내용을 종이에 적어 내가 느끼는 감정이 무엇인지 스스로 인식하는 거죠. 그렇게 하면 도움이 돼요.

종이에 적는 것은 생각을 정리하는 데에도 도움이 된다. 어떤 생각은 종이에 적어놓은 것을 보자마자 정말 말도 안 된다는 느낌이 들 것이다. 또 어떤 생각은 당신의 눈길을 사로잡아 문제의 핵심을 포착하게 될 수도 있다. 종이에 다 적어놓고 잠시 다른 일을 하자. 그것을 나중에 다시 읽고 생각해보면, 비논리적인 걱정과 중요한 걱정을 훨씬 더 잘 추려낼 수 있을 것이다.

텍사스 대학의 제임스 페너베이커는 마음속 깊은 생각과 감정과 과거 경험을 종이에 적는 것이 신체 건강뿐 아니라 마음 건강까지 개선시켜준다는 연구 결과를 발표했다.

하지만 글을 쓰는 것은 지나친 생각을 벗어던지고 이해와 문제 해결 단계로 들어갈 수 있을 경우에만 도움이 된다. 반복해서 부정적인 생각과 감정을 휘갈기는 것만으로는 소용이 없다. 그 생각 속에서 실질적인 걱정이 무엇이고 과도한 생각이 무엇인지 가려낼 수 있어야 한다. 그에 대한 긍정적인 반응으로써 행동으로 옮길 수 있는 일이 무엇일지 생각해내야 한다.

우선 걱정과 두려움과 실패와 분노에 대한 생각을 그냥 적어보자. 그 다음에 다른 무언가를 하자. 나중에 돌아왔을 때 종이는 여전히 거기 있을 것이고, 더 또렷한 눈과 마음으로 바라볼 수 있는 여유가 생길 것이다.

매일 나에게 주는
선물

임종을 앞둔 가족을 돌보는 사람들과 인터뷰할 때, 우리 연구진은 사랑하는 이가 죽어가고 있다는 사실과 그들을 돌봐야 하는 스트레스를 어떻게 감당하는지에 대해 여러 질문을 했다. 그중에서 레티서와 비슷한 대답을 한 사람들이 적지 않았다. 자기보다 여덟 살 많은 언니 애니를 암으로 떠나보낸 레티서는 이렇게 말했다.

매일 나 자신에게 해줄 수 있는 좋은 일이 무엇일지 찾아봐요. 초콜 릿을 먹는 것처럼 간단한 일일 수도 있죠. 하루에 한 번 이상은 하늘을 올려다보며 아름다움에 감탄해요. 전에 언니와 같이 했던 재미있는 일을 회상하기도 해요. 내 마음속 나쁜 감정과 걱정 속에 작은 기쁨을 가져다줄 수 있으면 무엇이든 좋아요.

긍정적인 감정을 이끌어내는 전략

스트레스가 심한 상황에 순간적으로 긍정적인 감정을 주입시키면, 심리 상태를 행복 쪽으로 이끌어갈 수 있으며 신체 건강에도 도움이 된다. 문제 해결 면에서도 더 나은 결과를 얻을 수 있다.

샌프란시스코 소재 캘리포니아 대학의 심리학자 수잔 포크만은 이 것을 '긍정적인 감정 전략'이라고 부른다(긍정적인 감정이란 행복하거나 따뜻하거나 편안하거나 만족스럽거나 기쁜, 그런 감정을 말한다). 그녀는 에이즈로 파트너를 잃은 남자들이 적극적으로 삶에 긍정적인 감정을 주입하려 했을 때 우울증 징후들이 더 빠르게 감소되었다고 밝혔다.

우리의 유가족 연구에서도, 레티셔처럼 간병과 상실의 경험에 긍정적인 감정을 끼워 넣을 방법을 찾아낸 사람들이 그렇지 않은 사람들보다 더 빠르게 상처에서 회복된다는 것을 알 수 있었다. 긍정적인 감정 전략에는 다음의 네 가지가 있다.

- ✅ 그 사람과 함께했던 좋은 시간들을 떠올린다.
- ✅ 기분이 나아질 만한 말을 자신에게 속삭인다.
- ✅ 그 상황에서의 긍정적인 측면을 찾아낸다.
- ✅ 유머감각을 활용한다.

이 방법을 얼마나 자주 사용하는지 물어보았는데, 긍정적인 감정 전략을 적극적으로 활용했다고 말한 사람들이 사랑하는 이를 잃은 상실감에 더 빠르게 적응했다. 사랑하는 이를 떠나보낼 당시에 얼마나 깊이 슬퍼했는지는 별 관련이 없었다.

미시간 대학의 바바라 프레드릭슨은 긍정적인 감정의 '확장과 구축' 이론에서, 부정적인 기분에 긍정적인 감정으로 대응하면 기분이 더 나아질 뿐 아니라 생각도 좋은 쪽으로 개선된다고 주장한다. 환경적인 도전이나 새로움에 더 쉽게 반응할 수 있게 된다는 것이다.

우울한 상태의 사람들에게 재미있는 영상 같은 것을 보여줘 순간적으로 긍정적인 감정을 경험하게 하면, 스트레스에서 더 빨리 회복된다는 경험적 연구 결과도 발표되었다. 다시 말하면 긍정적인 감정이 만성 스트레스가 신체에 미치는 부정적인 영향력을 줄여줄 수 있다.

켄터키 대학의 윌리스 프리센, 데보라 대너, 데이빗 스노던이 수녀들을 대상으로 연구를 진행했는데, 이 결과를 보면 긍정적인 감정이 신체 건강에 유익하다는 주장에 대해 꽤 믿음이 생길 것이다.

연구진은 미국 두 개 수녀원의 수녀들이 자신에 관해 간단히 작성한 자서전 180여 부를 확보했다. 그들의 나이가 18세부터 32세였던 시기에, 즉 그들이 마지막 서약을 한 직후에 쓴 글들이었다. 연구진은 수녀들이 자기 인생에 대해 쓴 글에 표현된 긍정적인 감정의 양을 평가했다. 그리고 수녀의 최종 건강 상태를 결부시켜 조사했다. 수녀들이 모두 비슷한 정도의 교육을 받았고, 치료받을 수 있는 환경이나 사회경제적 지위가 비슷하다는 점을 우선 짚고 넘어가야겠다.

결론적으로 말하자면 긍정적인 감정을 표현하는 수녀들의 성향은 수명의 길고 짧음과 밀접하게 연관되어 있었다. 자서전에서 긍정적인 감정을 최소한으로 표현한 수녀들이 최대한으로 표현한 수녀들보다 2.5배 더 사망률이 높았다. 게다가 긍정적인 감정 표현이 적었던 수녀들이 높았던 수녀들 보다 평균 10년쯤 더 빨리 사망했다.

긍정적인 감정을 활용하면 대체로 삶에 더 잘 대처할 수 있다. 사람들은 긍정적인 감정을 불어넣는 갖가지 방법들을 지니고 있다. 여기 몇 가지 아이디어가 있다.

- ✅ 미용실에 간다.
- ✅ 마사지를 받는다.
- ✅ 거품 목욕을 한다.
- ✅ 어린아이들과 같이 논다.
- ✅ 웃기는 영화를 본다.
- ✅ 농담을 한다.
- ✅ 아름다운 곳을 산책한다.
- ✅ 사랑하는 사람들의 모습이 담긴 앨범을 본다.
- ✅ 좋아하는 음악을 튼다. 크게!
- ✅ 악기를 연주한다.

긍정적인 감정은 당신의 머리를 깨워 과도한 생각을 진정시키고 더 높은 곳으로 이동시킨다. 좀 더 열린 마음으로 창의적으로 눈앞의 문제를 이해하고 보다 나은 해결책을 찾게 될 것이다.

5장

"새로운 나를
마주해야
할 때"

다른 관점으로 바라보기

시간을 정해 두고
생각하자

과도한 생각에서 빠져나오면, 그 문제에 대해 아예 생각하지 말아야겠다는 유혹이 생긴다. 어차피 생각해봤자 슬프거나 불안하거나 화가 날 뿐이니 그 문제들을 피해버리는 게 낫다고 느껴질 수 있다. 일시적으로 안 좋은 감정을 무마시키는 임시방편에 익숙해지면, 특히 그런 유혹에 저항하기 힘들다. 하지만 문제가 해결되지 않은 상태라면, 그게 언제든 다시 돌아와 당신을 괴롭힐 것이다. 점점 더 많이 생각하게끔 만들 것이다.

새로운 시선이 필요한 순간

일단 과도한 생각에서 자유로워졌다면, 문제를 해결하기 위한 과정을 시작해야 한다. 이제 당신이 명확한 결정을 내리고 삶을 개선시키는 행동을 하려면 어떤 전략을 활용할 수 있을지 생각해보자.

생각을 너무 많이 하면 '왜곡된 렌즈 효과'라는 게 나타나는데, 이 왜곡된 렌즈를 바라보면 우리가 지닌 어려움들이 절대 해결할 수 없을 것처럼 보인다. 눈앞에 닥친 상황이 부정적으로 해석되고, 문제점만 또렷하게 드러나는 것 같다. 긍정적인 견해는 뚫고 들어올 틈 없이 차단된다. 결국 상황을 효과적으로 다룰 수 있는 어떠한 행동도 하기 힘들어진다.

왜곡된 렌즈 효과를 고치려면, 렌즈를 새로 구해서 상황을 보다 현실적이고 희망적으로 바라볼 수 있도록 초점을 조절해야 한다. 이 과정을 시작하는 첫 번째 단계는 관점을 바꾸는 것이다. 자신에게 이렇게 말해보자. "난 이 상황을 어떻게 바라볼지 선택할 권리가 있어. 그 권리를 지킬 거야." 이처럼 강하게 밀고 나가야 한다. 그래야 상황을 제대로 조절하고 허우적대지 않을 수 있다. 더 명확히 생각하는 것은 물론이고 반응 방식에 대해 더 나은 결정을 할 수도 있다.

개중에는 자신의 관점을 선택할 만한 용기 혹은 자신감이 부족한 사람들이 있다. 예를 들어 '나한테 무슨 권리가 있는지 내가 어떻게 알아? 어떻게 남들이 하는 말을 무시하고 내 입장을 밀고 나갈 수 있겠어?'라고 생각하는 사람들이다.

물론 태어날 때부터 남들보다 자아가 강한 사람이 있는 것은 사실이다. 하지만 용기와 자신감은 연습으로 얼마든지 만들 수 있다. 상황이 흘러가는 대로 내버려두는 대신, 초점을 조절하여 자신의 관점을 스스로 선택하기로 마음먹을 때 마음 근육은 더 단단해진다. 그렇게 되면 다음에는 더 쉽고 자연스럽게 선택을 할 수 있다.

생각을 미루는 것도 방법이다

서른여덟 살 간호사 로리의 예로 들어보자. 그녀에게는 여덟 살 난 아들 앤드류가 있다. 앤드류가 세상에서 제일 좋아하는 것은 축구인데, 유치원 시절 이후로 또래 아이들과 한 팀을 이뤄 운동하고 있다. 앤드류의 축구 실력이 꽤 좋은 편에 속하긴 하지만, 로리에게 그보다 중요한 것은 아들이 축구를 좋아하고 훈련을 즐기고 팀원들을 무척 좋아한다는 점이다.

올해 앤드류의 축구팀 코치로 활동하던 부모가 다른 도시로 이사를 해서, 팀 코치 자리가 비게 되었다. 로리가 고등학교와 대학 시절에 축구를 했기 때문에, 다른 부모들이 로리에게 코치를 맡아달라고 부탁했다. 그녀는 사실 그 책임을 맡고 싶지 않았다. 성격상 관심의 대상이 되는 것도 별로 좋아하지 않았다. 하지만 아들이 조르기도 하고 팀에 코치가 필요했기 때문에 결국은 하겠다고 나섰다.

로리의 코칭 방법이 아이들에게 꽤 잘 맞았는지, 축구팀은 봄 시즌에 한 게임을 제외하고 전 경기에서 승리했다. 승리에 연연하지 않고 함께 뛰는 것 자체를 즐거워했지만, 리그에 있는 다른 팀들과 상대가 안 될 정도로 기량이 뛰어나서 매번 큰 점수 차로 승리를 거뒀다.

로리는 아이들이 좀 더 경쟁이 센 리그에서 뛰어도 되겠다고 판단했다. 그래서 다른 부모들에게 이 문제를 상의했고, 대부분의 부모들이 리그를 옮기는 것에 동의했다. 아이들 역시 좀 더 강한 팀들과 싸우면 실력이 더 늘 거라며 흥분하는 반응을 보였다.

하지만 리그 이동에 동의하지 않는 부모들이 몇 명 있었다. 봄 시즌에 로리가 정성껏 코치했고 상당히 발전된 모습을 보였는데도, 그들은 힘든 리그로 옮겼다가 자기 아이들이 뒤처지게 될까 봐 걱정했다.

반대하는 부모 중 하나인 미치는 다른 부모들에게 전화해서 새로운 리그로 보내지 말자고 선동하기 시작했다. 그는 로리가 지나치게 경쟁에 집착하고 승리만을 중요시한다고 비난했다. 새로운 리그로 옮기면 잘하는 아이들만 경기에 내보낼 것이고, 기술이 약한 아이들은 벤치만 지키는 신세가 될 거라고 주장했다.

로리는 다른 부모를 통해 이 사실을 알게 되었다. 그녀는 그 후로 며칠간 제대로 잠을 잘 수 없었다. 자신의 뒤에서 일어나는 그 일에 분통을 터트리며 생각하고 또 생각했다.

어떻게 그런 말을 할 수 있어? 진심으로 그렇게 생각한단 말이야? 그런 말을 하는 근거가 뭐야? 어떻게 해야 하지? 싸우는 건 싫은데…. 그 사람은 그저 자기 아이만 걱정하는 거야. 팀이 어떻게 되는지는 안중에도 없어. 다른 부모들한테 전화에서 내 입장을 이야기할까? 그게 변명하는 것처럼 보이진 않을까?

이렇게 일주일을 보내자 로리는 자신이 아무것도 못하는 음모의 희생양이 된 기분이었다. 초점을 조절하지 않으면 그녀 자신이 미쳐버릴 것 같았다.

그래서 그녀는 몇 가지 결심을 했다. 우선 복잡한 문제에 대한 생각을 정해진 시간으로 제한하기로 했다. 걱정할 시간을 따로 마련해두는 것이다. 새벽 3시에 걱정이 밀려들면, 지금은 걱정할 시간이 아니니 미루자고 마음먹은 다음, 낮에 따로 걱정할 시간이 되면 그때 문제를 다루는 것이다. 그리고 자신을 희생양으로 느끼기보다 상황 자체에 초점을 맞추기로 했다.

미치가 자기 아들을 더 경쟁적인 리그에서 뛰고 싶게 하지 않는다면 그것은 그 사람이 결정할 일이었다. 다른 부모들이 아이들을 팀에서 빼내고 싶어 한다면, 그것 역시 그들의 권리였다. 결정을 내리고 나자 그녀는 다시 잘 잘 수 있게 되었다. 로리는 소수를 제외한 다른 모든 부모들의 전폭적인 지원을 받아 팀을 더 높은 리그로 이동시켰다.

로리는 걱정할 시간을 따로 정해둠으로써 과도한 생각이 구렁텅이에서 빠져나올 수 있었다. 그리고 더 높은 관점으로 바라보고, 반대 의견에 휘둘리기보다 상황을 좀 더 건강하게 다루는 쪽으로 초점을 조절했다. 그녀가 비난에 흔들리고 그 비난으로부터 생겨난 자기 의심에 빠져들었다면, 걱정과 고민은 끝도 없이 이어졌을 것이다.

우리는 자신의 의지로 초점을 조절하면서 생각하는 관점을 적극적으로 선택할 수 있다. 부정적인 관점에서 시선을 돌려 좀 더 조정이 가능한 견해 쪽을 바라볼 수 있다. 로리가 초점을 조절하여 성공적으로 문제를 해결한 방법은 다음과 같다.

- ✅ 매일 정해진 시간에 문제를 생각하기로 결정함으로써, 걱정하는 시간을 제한했다.
- ✅ 자신을 희생양으로 여기지 않고 상황 자체에 초점을 맞추겠다고 적극적으로 결정했다.
- ✅ 미치가 하는 말도 안 되는 소리들을 신중하게 걸러냈다.
- ✅ 상황을 바라보는 자신의 안목을 믿었다.
- ✅ 확고한 결정을 내려 자신의 행동과 판단에 책임을 졌다.

화가 나도, 슬퍼도, 불안해도
괜찮다

요즘 사람들은 무엇보다 자신의 권리와 자격을 중요시하는데, 그런 사람들이 특정한 감정을 느껴도 괜찮은지 자주 자문하는 건 참 아이러니한 일이다. 특히 여자들은 분노를 느낄 권리가 있는지에 대해 쉽게 의문을 제기한다.

이 상황에서 내가 화를 내도 괜찮을까? 내가 무슨 권리로 우울해하는가? 이렇게 불안해하다니 나한테 무슨 문제가 있나?

지난 수십 년 동안 여성운동은 우리에게 이런 권리가 있다고 말해왔다. 그래서 적어도 표면적으로는 그렇게 믿는다. 하지만 마음 깊은 곳에서는 아직도 많은 여자들이 이 권리를 주장할 때 불안해한다. 왜 냐하면 많은 이들이 무의식적으로 마음에 품고 있는 대인관계 규칙, 즉 남을 화나게 하면 안 되고 만나는 사람에게 호감을 줘야 한다는 규칙을 어기게 된다는 뜻이기 때문이다. 이런 모순이 화낼 권리를 행사하고 난 후 과도한 생각으로 나타난다. 며칠 동안 성질을 부린 게 괜찮았을지 생각하고 또 생각한다.

이런 생각의 손아귀에서 벗어나는 첫 번째 단계는 우리에게 감정이 있다는 사실을 받아들이는 것이다. 인간인 이상 이런저런 감정이 생기는 게 당연하다는 식으로 자기 입장을 주장하려고 애쓰지 않아도 된다. 그냥 받아들이자.

다음 단계는 수없이 반복되는 생각을 조절하는 또 다른 열쇠는 감정이 시키는 대로 행동할 필요가 없다는 사실을 깨닫는 것이다. 살다 보면 화가 날 수도 있고, 슬플 수도 있고, 불안할 수도 있다. 하지만 마주하고 있는 상황에 대해 최선의 반응을 선택할 자유도 있다. 감정이 시키는 대로 반사적으로 반응하기보다 당신의 목적을 만족시키는 쪽으로 반응을 선택하자.

받아들이는 것이 시작이다

론다를 예를 들어보자. 고등학교 과학교재 저자인 쉰 살의 론다는 온화하고 점잖은 여자다. 다른 사람에게 무리한 요구를 하거나 과시하는 것을 좋아하지 않는다. 하지만 자신이 하는 일, 특히 자신이 만든 교재에 대한 자부심은 대단하다. 이미 6쇄나 찍은 책인데, 최근 편집자 하나와 같이 7쇄 개정판 출간을 준비하고 있다.

지난 수개월간 그녀는 한나와 이메일을 주고받으며 개정판 작업을 진행해왔다. 그런데 출판사가 자신의 책을 다루는 방식이 영 마음에 들지 않았다. 한 번 내려진 결정을 정확한 이유 없이 뒤집어버리는 일이 반복되었기 때문이다.

출판사 측은 몇 번이나 자기들 책임인 일들을 그녀에게 해달라고 요청했다. 론다는 비서 없이 모든 작업을 직접 하기 때문에, 출판사 요구를 들어주려면 몇 시간을 지루한 입력 작업에 투자해야 했다. 전혀 그럴 필요가 없는 일인데 말이다.

그래서 그녀는 한나에게 격앙된 이메일을 보냈다. 지금까지 책을 내면서 이렇게 불쾌한 경험은 처음이라고, 그녀를 작가 겸 비서 겸 출판사 직원으로 쓰려는 것이냐고 강하게 비난했다. 메일을 보내고 나서 그녀의 머릿속에 수많은 생각들이 휘몰아치기 시작했다.

내가 너무 심했을까? 내 말이 너무 거만하게 들리지는 않았을까? 하지만 무슨 권리로 나한테 그런 요구를 하는 거야? 지금까지 한번도 그런 요청을 받은 적이 없어! 왜 이렇게 사사건건 일을 힘들게 만드는 거야? 출판사 사장한테 사과를 요구해야겠어. 내가 옳다는 것을 납득시키려면 어떻게 해야 할까?

론다는 처음에 이 복잡한 생각을 무시하고 떨쳐버리려고 했다. 하지만 생각을 그만두려고 할 때마다 '내가 잘못한 것도 없는데 왜 숙이고 들어가야 돼?'라는 생각이 치밀어 오르는 바람에 성공하지 못했다.

그녀는 우선 자신이 화가 났으며 화낼 권리가 있다는 사실을 받아들여야 했다. 화난 감정을 인정하고 받아들이자 자신이 취한 행동에 대해 더 명확히 생각할 수 있었다. 진심으로 화가 나긴 했지만, 호통을 치는 게 최선의 선택은 아니다. 그녀에게 무엇보다 중요한 것은 책이 정상적으로 출간되는 것이었다. 쓸데없이 언쟁을 일으킬 필요는 없었다.

이 점을 깨닫자 머릿속을 어지럽히는 무수한 생각을 밀어내고 코앞의 상황을 개선시킬 즉각적인 행동을 취할 수 있었다. 일단 한나에게 화낸 것에 대해 사과한 다음, 자신이 왜 그렇게 화가 났는지 차분하게 설명했다. 그러자 한나 역시 론다에게 불필요한 일을 너무 많이 요구한 것 같다며, 다른 방법을 찾아보겠다고 했다.

론다가 마음속에 일어나는 분노를 있는 그대로 받아들이지 않고 자신이 화냈다는 사실에 대해 계속 의문을 제기했다면, 한나와의 관계를 개선하기 힘들었을 것이다. 한나가 론다에게 앙갚음하려고 하거나, 훨씬 더 불필요한 일로 그녀를 괴롭혔을지도 모른다. 하지만 론다는 자신의 감정을 받아들이고 더 명쾌하게 생각할 수 있게 됨으로써, 책을 정상적으로 출간한다는 목적에 위배되지 않는 정직하고 적절한 반응을 선택할 수 있었다.

비교는
집착으로 이어진다

　사람은 누구나 다른 누군가와 자신을 비교하는 경향이 있다. 대부분의 경우 상당히 어렸을 때부터 사회적 비교를 당한다. 부모들도 자녀 중 누구 하나가 다른 아이보다 더 똑똑하다거나, 운동을 잘한다거나, 더 사교성이 좋다는 식으로 대놓고 말한다.

　학교에 다닐 때는 다른 아이들과 비교하여 성적을 평가받는 '상대평가'의 대상이 되기도 한다. 장학금이나 명문학교 입학, 학교 대표팀이 되는 것 같은 많은 기회가 다른 학생들을 능가할 수 있느냐 없느냐에 따라 좌우된다. 연봉이나 회사 직급이나 선수로서의 경쟁력 같은 다른 많은 것들에서도 남들과 비교하여 자신의 위치를 파악하는 경우가 적지 않다.

'나'의 목표가 가장 중요하다

소냐 류보미르스키가 연구한 바에 의하면, 행복한 사람과 불행한 사람은 사회적 비교를 활용하는 방식 면에서 근본적으로 차이가 난다. 일단 불행한 사람들이 사회적 비교를 더 많이 한다. 그들은 다른 사람과 비교했을 때 자신이 어떤 위치에 있는지에 민감하며, 자신의 행동 방식에 대해 행복한 사람들보다 더 불안해한다. 순위, 점수 등 자기 위치를 표현하는 정보에 큰 영향을 받기도 한다. 그들에게는 실제 행동보다 남들과 비교했을 때 어떤지가 훨씬 더 중요하다.

일례로 한 연구에서 소냐는 대학생들에게 어려운 퍼즐을 풀게 한 다음, 그들이 어떤 성적을 냈고 실험에 참가한 다른 학생은 어떤 성적을 냈는지 결과를 알려주었다.

불행한 학생들은 자신이 좋지 않은 성적을 받고 다른 학생이 더 좋지 않은 성적을 받았을 때보다, 자신이 '좋은' 성적을 받고 다른 학생이 '훨씬 좋은' 성적을 받았을 때 더 기분 나빠했다. 다시 말하면 불행한 학생들이 자신에 대해 갖는 견해는 자신이 실제로 얼마나 퍼즐을 잘 풀었느냐보다 다른 학생들에 비해 어떤 성적을 거뒀는가에 좌우되는 경향이 컸다.

이에 비해 행복한 사람들은 사회적 비교 정보를 대체로 무시한다. 보다 안정된 내적 기준을 바탕으로 자신에 대해 판단한다. 자신이 지니고 있는 내적 기준이 충족되면 그들은 행복해한다. 그렇지 않은 경우에는 덜 행복하지만, 기분을 더 낫게 만들기 위해 또는 앞으로의 성과를 개선하기 위해 무엇이든 행동하기 시작한다.

여기서 우리가 배워야 할 점은 남들과 자신을 비교하지 말아야 한다는 것이다. 물론 우리가 집단 속에서 평가받으며 자라온 사람들이기에 쉽지 않을 것이다. 자격이나 권리에 대한 생각이 이런 사회적 비교를 부추긴다.

우리에게 없는 무언가를 다른 사람이 가지고 있으면, 또는 다른 사람이 우리보다 더 좋은 대접을 받으면, 자격에 대한 집착이 왜 우리는 당연히 가져야 할 것을 받지 못하는지에 대한 집착으로 이어진다. 더구나 가치관이 확고하게 서 있지 않은 상태에서는 자신의 내적 기준이 무엇인지 파악하기가 힘들다. 그래서 사회의 여러 기준과 비교해서 자신을 판단하게 되는 것이다.

자신이 지나치게 남들과 비교해서 생각하는 것 같다면, 한 발짝 물러나 물어보자. 이게 정말로 중요한지, 이런 것에 정말 신경 쓰고 싶은지, 다른 사람이 나에게 없는 뭔가를 가지고 있더라도, 내가 가진 것에 만족할 수 있지 않을지, 나의 궁극적인 목표는 무엇인지.

'만약에'에서
빠져나오기

아름다운 여인이 위험한 처지에 놓이는 영화들을 본 적 있을 것이다. 아름다운 여인이 공룡에게 먹히려 하거나, 악당에게 공격당하거나, 홀로 비참한 삶을 이어갈 때, 갑자기 잘생긴 남자배우가 그녀를 등장한다. 이것이 우리의 환상을 채워주기에는 근사한 소재지만, 분명 현실에서 자주 일어나는 일은 아니다. 그런데 너무나 많은 사람들이 누군가 나타나서 자신을 구출해주길 기다린다.

요즘에는 공룡에게 잡아먹히지도 않고 은행 강도에게 인질이 될 일도 별로 없다. 물론 폭력을 휘두르는 나쁜 사람들에게 잘못 걸리거나. 혼자 아이를 키우며 필요한 교육을 받고 좋은 직장에 다니는 것을 불가능하게 만드는 사회 체계에 가로막혀 꼼짝 못하는 사람들이 있기는 하다.

하지만 그보다는 보이지 않는 힘에 얽매여 꼼짝 못하는 사람들이 더 많은 것 같다. 일상이 지루하고 평범하다는 느낌, 과거의 선택에 대한 후회, 상황이 지금보다 더 나아질 수 있지 않을까 하는 생각이 많은 사람들을 사로잡고 있다. 우린 이런저런 것들을 생각하고 또 생각한다. 그리고 "만약….."이라는 가정에도 매달린다.

만약 살을 조금 더 뺀다면 남자친구를 만들 수 있을 텐데. 만약 더 좋은 직업을 구할 수 있다면 행복해질 텐데.

좋은 쪽으로 생각하거나, 상황을 변화시키거나

누군가에게 구출되길 기다린다면 아마 당신의 불행은 더 연장될 것이다. 당신에게는 기본적으로 두 가지 선택권이 있다. 숨 막힐 듯 답답한 상황에 놓여 있다면, 특히 학대 관계에 묶여 있다면, 변화를 만들어내는 게 정말 중요하다. 당신의 안전을 도모하고 새로운 삶의 선택권에 대해 알려줄 전문가의 도움이 필요할 수도 있다. 도움을 구할 수 있는 어떠한 방법이라도 분명히 있을 테니, 부디 그대로 앉아서 구출되기만을 기다리지 마라.

이보다 덜 심각한 상황이라면 선택할 수 있는 방법이 많을 것이다. 때로는 자신의 현재 상황에 대해 좋아하는 쪽으로 생각을 바꾸는 것이 가장 성숙한 선택일 수 있다. 요즘 우리들은 임시방편에 너무 익숙해져 있어서, 새로운 직장이나 새로운 연인 등 신속한 상황 변화를 유도하는 것이 좋다고 믿어버린다. 하지만 이런 변화의 잠재적 이익뿐 아니라 손실도 생각해야 하며, 변화가 최선의 선택인지 현실적으로 파악할 수 있어야 한다.

어쩌면 지금 가진 것에 만족하거나 거대한 변화가 아닌 보다 점진적인 변화를 유도하는 것이 개인적인 성장을 위해 가장 적절한 방법일 수 있다.

지금 하고 있는 일이 재미없다면, 직장을 그만두기로 결심하기보다 그 일을 더 재미있게 만들 수 있는 방법을 찾아보는 것이다. 지금 사귀고 있는 연인이 지루하다면, 다른 사람을 찾기보다 그 관계에서 자신이 어떻게 행동하고 있는지, 더 흥미롭게 만들 수 있는 방법이 무엇일지 점검해보는 것이다. 부부관계에 불만이 있다면, 아이를 하나 낳는 것이 모든 문제를 해결해줄 거라고 믿기보다 더 친밀하고 깊이 있는 관계로 나아갈 수 있는 새로운 활동을 시도해볼 수 있을 것이다.

당신의 삶을 개선시키기 위해 상황 변화가 필요하다면, 그 변화를 만들어야 할 사람은 다른 누구도 아닌 당신이다.

생각이
흐르는 통로 만들기

생각이 제멋대로 날뛰면 있지도 않은 문제를 만들어서 생각하게 될 때가 있다. 그리 큰 문제가 아닌데도 깨닫지 못하는 것이다. 화가 나는데 왜 그런지 이유를 알 수 없을 때 특히 이런 생각이 자라나기 쉽다. 기분이 나빠질 만한 아무런 일도 없었다면, 감정이 왜 그쪽으로 흐르는지 원인을 찾아내기 힘들다. 적어도 처음에는 그렇다.

하지만 생각에 생각을 거듭하면서 우리는 차츰 거기에 온갖 이유를 갖다 붙이기 시작한다. 일적인 문제나 대인관계 문제나 건강상의 이유 같은 것들을 말이다.

내 생각은 어디에서 시작되었을까?

때때로 우리가 기분이 나빠지는 이유는 놀랍도록 단순하다. 그저 생리 중이라서 기분이 나쁠 수 있다. 잠을 충분히 자지 못해서 혹은 술을 너무 많이 마셔서, 혹은 뭔가 음식을 잘못 먹어서 그럴 수도 있다. 아니면 상사가 신경질을 부렸거나 아이가 시험에 떨어졌거나 하는 다른 사건이 그 원인일 수도 있다.

그런데 기분이 나쁜 것에 대한 이 간단한 이유를 깨닫는 대신, 훨씬 더 극적이고 복잡한 이유가 떠오를 때까지 생각을 거듭한다. 결혼 생활에 큰 문제가 생겼다거나, 직업적으로 실패했다거나, 마음이 텅 비어버렸다는 식의 이유를 만들어낸다.

왠지 모르게 기분이 나쁜데 그 이유가 무엇일까를 생각하기 시작할 때는, 단순한 이유부터 찾아보자. 최근에 술을 많이 마셨는지, 지금 배가 고픈지, 피곤한지 등 이런 질문에 그렇다는 답이 나온다면 생각이 제멋대로 날뛰지 않도록 조심해야 한다.

낮잠을 자거나, 무엇이든 좀 먹거나, 잠시 바쁘게 다른 일을 해서 생각에 빠질 겨를이 없도록 만들자. 그 후에 다시 생각해보면 진짜 문제는 여전히 거기 남아 있을 것이고, 과도한 생각이 만들어냈던 상상의 산물은 사라지고 없을 것이다. 적어도 전보다는 더 작아져 있을 것이다.

해결해야 할 문제가 확실하게 있을 때는 해결책을 찾아 머리를 굴려보는 게 도움이 된다. 문제 극복 방법을 생각하고 그게 효과가 없다는 게 확인될 때까지 검토 분석하기보다는, 머릿속 아이디어들이 자유롭게 흐르게 하자.

생각나는 대로 종이에 적어보고, 컴퓨터에 입력해보자. 친구에게 말하거나 녹음기에 녹음하는 것도 방법이다. 좋은 생각뿐만 아니라 바보 같은 생각까지 다 표현해보자. 그럼 나중에 그 해결책의 장단점을 평가할 수 있을 것이다.

나의 행동 목록 작성하기

사회복지사로 일하는 마흔세 살 도린은 불우한 사람들을 돕는 일에 헌신적이고 열정을 가지고 있다. 하지만 형편이 안 좋은 사람들을 다루는 직업 특성상 스트레스가 적지 않다. 하루 일이 끝날 때쯤이면, 제대로 살고 싶다는 의지조차 없는 사람들에게 화가 나고, 스스로 살아갈 능력도 없으면서 도움을 거부하는 사람들이 안타깝게 느껴진다.

되도록이면 스트레스를 집까지 가져오지 않으려고 노력하지만, 그게 잘 되지 않아 가끔 남편과 두 아이에게 짜증을 낸다. 저녁 먹으라고 했는데 텔레비전을 끄지 않았다거나 하는 사소한 일 때문에 아이에게 버럭 화를 낸 적도 있고, 별 것도 아닌데 짜증이 나서 저녁 내내 서재에 틀어박혀 있기도 했다.

이대로는 안 되겠다 싶어 그녀는 신부님을 찾아갔다. 신부님과 얘기함으로써 복잡하게 헝클어져 있던 생각으로부터 자유로워질 수 있었다. 신부님은 그녀의 쉽지 않은 상황에 동정을 표하면서, 스트레스를 극복하고 조절할 수 있는 방법을 찾아보라고 격려했다. 도린은 집으로 돌아가 실행에 옮길 수 있을 만한 행동 목록을 작성했다.

1. 직장을 그만둔다.

2. 반일근무를 신청할 수 있는지 알아본다.

3. 신경을 건드리지 않게 행동하도록 아이들을 주의시킨다.

4. 남편에게 아이들을 좀 더 관리해달라고 부탁한다.

5. 스트레스가 덜한 직업을 찾는다.

6. 귀가하기 전에 스트레스 풀 방법을 찾아본다.

그 다음에 각 항목들을 평가했다. 일단 1번과 2번은 실행이 불가능하다. 직장을 그만둘 수도 없고, 반일근무로 전환할 수도 없었다. 현재와 같은 수입이 필요하기 때문이다. 그녀는 5번 항목으로 넘어갔다. 스트레스가 덜한 직업을 찾는다? 서비스업 쪽 구인광고는 얼마든지 있었다. 하지만 그 일에 대해 생각하는 순간 가슴 한구석이 텅 비는 것 같은 기분이 들었다.

복지사로 일하는 게 때론 답답하고 화가 나긴 하지만, 누군가의 삶을 개선하는 데 필요한 도움을 주었을 때 느끼는 만족감은 상당히 컸다. 도린이 하고 있는 일에는 운 나쁜 이들을 돌봐야 한다는 종교적 확신이 기반으로 깔려 있었다. 그녀는 물건을 파는 가게를 관리하고 싶지 않았다. 사람 돕는 일을 계속하고 싶었다. 복지 관련 규칙이나 다른 사회 정책이 극적으로 변하지 않는 한, 어려운 이웃을 돕는 어떤 직업에서든 심한 스트레스를 피할 수는 없을 것 같았다.

이는 곧 집에서 스트레스를 잘 관리하는 방법에 초점을 맞춰야 하리라는 뜻이었다. 아이들을 변화시키거나 남편에게 아이들 관리를 맡기는 3번과 4번 해결책은 그녀가 머릿속이 복잡해질 때 자주 떠올리는 방법이다.

도린은 '난 가족을 위해 열심히 일하고 있어. 약간의 평화와 조용함 정도는 누릴 자격이 있어. 아이들은 더 얌전하게 굴어야 돼.'라는 생각을 자주 했다. 하지만 과도한 생각의 지배력을 끊어내고 밝은 빛 속에서 더 명확히 생각할 수 있게 된 지금, 도린은 아이들과 남편에게 문제가 있는 게 아니라는 것을 깨달았다. 다음에 다시 그런 생각이 들면 이 점을 꼭 기억하기로 마음먹었다.

도린은 6번 해결책을 실행할 방법이 있을지 생각하기 시작했다. 그녀는 매일 밤 적어도 한 시간씩 복잡한 교통 상황과 싸워야 했다. 운전하는 동안에는 라디오 뉴스채널을 틀어보기도 했지만, 정치 이야기는 기분을 더 나쁘게 했고, 절망감만 키울 뿐이었다.

도린은 남편에게 최근 자신의 행동에 대해 얘기하면서 집에 오기 전에 스트레스를 풀고 싶다고 말했다. 남편은 자기 행동에 기꺼이 책임지려 하는 아내의 태도에 매우 안도했다. 그리고 집에 오는 길에 지친 마음을 달래주는 음악을 들어보는 게 어떨지, 회사에서 조금 일찍 퇴근해 운동하고 집에 오면 어떨지, 도린이 짜증 났다는 것을 알려주는 신호 같은 걸 만들면 어떨지, 열을 식히기 위해 동네를 한 바퀴 돌고 오는 건 어떨지 등 몇 가지 아이디어를 제안했다.

도린은 이 모든 방법이 도움이 되리라고 생각했다. 남편이 도와주려고 같이 노력해주는 것이 감동적이었다. 스트레스 해결 방법을 찾아야겠다는 의지가 더욱 강해졌다.

당신도 도린처럼 할 수 있다. 생각의 늪에서 벗어나 더 높은 곳으로 올라선다면, 해결책들을 만들어 그것을 평가하고, 잠재적으로 효과적인 방법이 무엇일지 알아낼 수 있다.

다른 사람의 가치관을
빌리지 마라

　과도한 생각에 빠지면 시시콜콜한 것들 주위로 생각이 맴돈다. 누가 무슨 말을 했고 내가 그때 무슨 말을 했어야 했는지 이런 생각들이 머릿속에서 뱅뱅 돈다.

　앞서 말한 도린 역시 자신에게 누가 어떤 스트레스를 안기는지 생각하며 전혀 엉뚱한 길로 빠질 수 있었다. 도린이 야구 경기를 볼 때 아들이 닌텐도 게임을 켜서는 안 되는 일이었고, 도린에게 저녁회의가 있는 날 남편이 아이들 저녁 준비하는 일을 잊어버리면 안 되는 일이었고, 약물 중독에 빠진 사람을 재활치료에 데려가려고 한 달이나 노력했는데 마지막 순간에 거절해버리면 안 되는 일이었다고 책임 전가할 사람을 찾을 수도 있었을 것이다.

　하지만 도린은 사소한 생각을 넘어서기로 결심했다. 어려운 사람을 도우며 종교적 신념을 실천에 옮기고자 하는 자신의 더 깊은 욕망에 초점을 맞추기로 했다. 그러자 자잘한 스트레스 요인들을 생각하고 또 생각하는 상태에서, 가능한 해결책에 집중하는 상태로 이동할 수 있게 되었다.

가치관은 결국 기준이 된다

대중문화가 주입하는 가치관이나 자격과 권리에 대한 집착이 기본 가치관을 흔들 수 있다. 하지만 미시간 대학의 심리학자 아비가일 스튜어트와 노스웨스턴 대학의 댄 맥애덤스에 의하면, 나이 들수록 다른 사람들의 삶을 개선하고 세상에 긍정적인 변화를 남기고 싶은 욕구가 강해진다고 한다. 그 욕구를 어떻게 실천으로 옮기느냐는 개개인의 재능과 자원에 따라 달라질 것이다.

보다 차원 높은 가치관은 우리가 직면하는 어려운 상황을 어떻게 다뤄야 할지 생각할 때 꽤 쓸모가 있다. 과도한 생각을 잘라내고 더 높은 곳으로 올라서면, 보다 고결한 믿음을 느끼고 확인할 수 있을 것이다. 그게 우리가 과도하게 생각하는 것 일부에 해답을 제공할 수도 있고, 우리 삶에 변화를 만들어낼 수 있는 이정표가 될 수도 있다.

이런 높은 가치관으로 바라보려면 어떻게 해야 할까? 혼자 조용한 시간을 보내보자. 너무 많은 생각에 빠져들지 말고, "나에게 정말 중요한 게 무엇인가? 그게 왜 중요한가? 이 세상을 떠날 때 무얼 남기고 싶은가? 지금 사람들이 나에 대해 뭐라고 말하길 바라는가?"와 같은 질문을 하자.

또한 당신이 감탄하는 사람들에 대해 생각해보자. 영화배우나 부자 말고 다른 사람들의 삶에, 이 지구에, 또는 예술과 문화에 인상적으로 기여한 사람들에 대해 생각하는 것이다. 물론 그들의 가치관을 그대로 가져와서는 안된다. 그들의 전기와 자서전을 읽으며 그들이 이 세상에 어떤 가치관을 구현했는지 참고하고 자신의 의욕을 자극해보자.

당신이 지금 찾고 있는 것은 다른 사람이 접시에 담아 건네주는 가치관이 아니다. 다른 사람 가치관을 간단하게 빌려 쓰려 하지 마라. 당신에게 맞는 가치관을 찾아야 한다. 당신의 마음에 와닿는 진실한 가치관, 기꺼이 선택의 기반으로 삼을 만한 가치관 말이다.

시작이
반이다

문제를 어떻게 극복해야 할지 계획을 세웠더라도, 그것을 실천으로 옮기는 게 엄두가 안 날 수 있다. 드디어, 지금 당장, 완벽하게 그 문제를 해결해야 한다는 생각이 당신을 꼼짝 못하게 마비시킬 수 있다. 이럴 때는 작은 무언가를 하는 데 집중하면서 마비된 감각을 깨우면 된다. 가치 있는 대의에 노력을 기울이는 것도 중요하지만, 당신의 문제 해결에 영향을 미칠 작은 행동을 취하는 것 역시 과도한 생각의 사이클을 부수는 데 큰 도움이 된다.

정리해고를 기회로 만든 샤를린

예를 들어, 샤를린은 자동차 제조 공장에서 정리해고 되었을 때 어떻게 해야 할지 몰라서 당황스러웠다. 공장이 조만간 문을 닫을 것 같았으므로 다시 돌아갈 가능성은 희박했다. 게다가 업계에서 좋은 일자리는 모두 첨단기술 회사에 몰려 있었다. 쉰다섯 살에 컴퓨터를 다룰 줄도 모르고 고등학교밖에 졸업하지 못한 그녀가 첨단기술 회사에 들어간다는 것은 상상하기도 어려운 일이다.

해고당한 뒤 며칠 동안, 샤를린은 '35년간 몸 바쳐 충성했던 회사에서 쫓겨나야 하다니 이 얼마나 부당한 일인가.'라는 생각만 했다. 자기보다 젊은 사람들은 새로운 일자리를 찾을 수 있을 거라는 생각에 억울한 마음도 들었다.

며칠 동안 그녀는 밖에 나가지 않고 멍하니 집에만 틀어박혀 있었다. 하루 종일 텔레비전을 틀어놓고, 인스턴트 음식과 음료수로 배를 채웠다. 하지만 얼마 지나지 않아 그런 생활이 지겨워졌고, 무언가 해야겠다고 생각했다.

그녀는 인터넷을 켜서 컴퓨터 프로그래밍 전문대 과정을 찾아보았다. 그녀에게 어울리는 강좌가 있을지 의심스러웠지만, 그래도 전문대 웹사이트에 들어갔다. 놀랍게도 강좌 설명들이 꽤 흥미롭게 느껴졌다. 이직을 원하는 중년 실업자들을 위한 수업료 지원 프로그램이 있다는 것도 알게 되었다. 그녀의 기분은 해고 이후 어느 때보다 한결 더 가벼워졌다.

문제 해결을 위해 무엇이든 작은 행동을 하면 일단 한 발 들어놓은 셈이다. 그 작은 노력이 또 한 발 내딛을 수 있는 밑거름이 되고, 결국에는 몸 전체가 완전히 들어갈 수 있게 된다. 조그만 승리가 쌓이고 쌓이면, 어느 순간 문제의 끝이 보이기 시작하고 도착한 방법도 생긴다. 작은 승리들이 만들어낸 에너지와 의욕이 또 다른 좌절들을 무사히 헤쳐나갈 힘이 되어줄 것이다.

감수할 것은
감수하자

    우리를 행동하지 못하고 생각만 하게 만드는 또 다른 요소는 자신의 행동이 정말로 효과적일지 확인하고 싶어 하는 욕망이다. 우리 연구진은 고질적으로 생각을 너무 많이 하는 그룹과 그렇지 않은 그룹에게 '대학 기숙사 부족'이라는 어려운 문제를 제시하고 해결책을 짜보라고 했다.

    두 그룹 모두 해결책을 제시했는데, 생각이 너무 많은 사람들은 자신의 해결책이 타당한지에 대해 다른 사람들보다 훨씬 더 확신이 없었다. 남들에게 그 계획을 드러내거나 실천에 옮기려고 노력하는 면에서도 망설임이 훨씬 많았다. 몇 번이나 결정하기 전에 좀 더 많은 정보와 생각할 시간이 필요하다고 말했다. 그에 비해 다른 그룹 사람들은 자신의 계획이 효과가 없을 수도 있지만 아무것도 안 하는 것보다 할 수 있는 데까지 해보는 편이 낫다는 태도를 보였다.

불확실한 상황에서 방향을 잡는 법

사라의 사례를 보면, 불확실성이 사람을 얼마나 꼼짝 못하게 만드는지 알 수 있다. 마흔아홉 살 주부 사라와 그녀의 동생 조이스는 새로 생긴 가정의 위기 때문에 난관에 봉착했다. 여든두 살의 고령인 어머니가 넘어져 고관절이 부러졌는데, 여든아홉 살인 아버지가 어머니를 돌보기에는 무리가 있었던 것이다.

사라와 조이스는 항상 삶에 접근하는 방식이 달랐다. 사라는 신중하고 체계적이며 대체로 자신의 삶을 짜임새 있게 잘 관리했다. 예를 들면 몇 주일 분의 가족 활동들을 미리 다 정해두는 식이다. 사라의 집은 언제나 깔끔했으며, 그녀의 차림은 언제나 완벽히 정돈되어 있었다. 또한 그녀는 이웃들에게 언제나 믿고 의지할 수 있는 존재였다.

반면 조이스는 거칠고 무모한 편이었다. 여행사를 직장으로 선택한 이유도 이색적인 장소에 돌아다닐 수 있고, 한 직장이 지겨워지면 다른 직장으로 옮기는 게 수월하기 때문이었다. 사라를 만날 때마다 조이스의 머리 모양은 늘 다르게 바뀌어 있었다. 보는 각도에 따라 색이 변하는 초록색이나 자주색 머리를 하고 나타나기도 했다.

그들 둘 다 부모님을 무척 사랑했다. 사라와 조이스는 어렸을 때부터 서로 너무 달라서 충돌이 잦았지만, 부모님은 어떻게든 그들의 차이를 인정하고 잘 성장할 수 있도록 이끌어주셨다.

이제 그들은 부모님을 어떻게 돌봐야 하느냐는 문제에 직면했다.

몇 번 통화했지만 보통 서로에게 저지른 과거 잘못에 대해 고함을 지르다 끝나버렸다. 이런 통화를 끝내고 나면 사라는 늘 몇 시간씩 부정적인 생각에 빠졌다. 동생이 한 말을 하나하나 검토하며, 자신이 얼마나 화가 나는지, 동생이 얼마나 둔감하고 무신경한지, 그녀가 어떤 말을 왜 했는지 등등을 생각하느라 머리가 아팠다.

사라는 동생에게 무슨 말을 할지 머릿속으로 연습해보았다. 때로는 말이 이성적으로 차분하게 흘러나왔고, 때로는 비난조의 신랄한 말이 튀어나왔다. 동생과 정말 얘기를 해야 하는 걸까 하는 생각까지 들었다. 사라는 며칠째 동생에게 전화하는 것을 피하며 이런 고민에 사로잡혀 있었다. 그동안 힘들어하고 계실 부모님을 생각하면 마음이 답답하고 죄스러운 기분이었다.

결국 사라는 뭔가 해야 한다고 결심했다. 동생과 사이가 더 나빠지는 위험을 감수하고서라도 이대로 있을 수만은 없는 일이었다. 그녀는 자신의 불확실성을 밀어내고 앞으로 나아갈 수 있는 방법이, 동생에게 하고 싶은 말을 글로 작성하는 것이라고 생각했다.

사라는 글을 쓰면서 과거에 동생과 다툼이 일어났던 일들을 배제하고 상황을 더 크게 보기 위해 노력했다. 부모님을 돌봐야 한다는 더 높은 목적에 초점을 맞추었다.

사라는 원고를 써서 거울 앞에서 읽는 연습을 했다. 그러자 그녀의 생각과 단어가 뒤엉키는 지점이 어디인지 알 수 있었다. 그 지점의 원고를 수정했다. 동생에게 하고 싶은 말 중 일부가 문제를 해결하기보다 갈등을 유발할 가능성이 크다는 점도 깨달았다. 그런 말을 할 때

거울 속 자신의 얼굴이 긴장되는 것을 볼 수 있었다. 원고를 고치고 또 다시 연습했다.

사라는 동생과 대화를 끝내고 나서 자신에게 어떤 보상을 해줄지도 생각했다. 맛있는 초콜릿 한 상자를 자신에게 선물할 작정이었다. 동생과 만날 약속을 잡고, 원고를 가지고 나가 무사히 할 말을 했다. 놀랍게도 사라가 부모님을 돌보기 위한 구체적인 아이디어를 제시하는 것에 조이스는 꽤나 안도하는 눈치였다. 그들은 웃으며 헤어졌다.

사라가 불확실성을 몰아내고 감수할 것을 감수하기로 결정하지 않았다면(문제해결 과정에 조이스를 참여시키기로 결정하지 않았다면), 여전히 생각의 늪에서 빠져나오기 힘들었을 것이다. 여기서 중요한 것은, 사라가 동생과 무엇을 어떻게 하고 싶은지에 대해 깊이 생각하고 실행했다는 점이다. 그녀는 충동적으로 행동하지 않았다. 최선의 계획이 생각났을 때, 자신의 불확실성을 밀어내고 앞으로 움직였다.

모두가 나와
비슷할 거라는 오해

모니카는 똑똑하고 활기찬 스물일곱 살 여자다. 그녀는 일류대학 사회학과에 조교수로 임용되기 위해 열심히 노력해왔다. 대학에 다닐 때는 부모님의 형편이 좋지 않았기 때문에 종업원으로 일하며 학비를 벌었다. 우수한 성적으로 대학을 졸업했고, 교수님들에게도 인정받아 각종 찬사가 적힌 추천서를 받을 수 있었다. 대학원에 전액 장학금으로 들어갔으며, 거기서도 똑똑한 머리와 부지런한 성격 덕분에 좋은 평가를 받았다. 대학원을 졸업했을 때는 여러 곳에서 일자리 제안이 들어왔다.

타인과의 관계가 나빠졌을 때

모니카는 조교수로 첫해를 보내면서 무난히 적용하고 있다고 생각했다. 선배 교수들은 강의나 행정 업무가 너무 과하지 않도록 조절해 주었다. 대학원생 중 몇 명은 모니카 밑에서 일하고 싶어 하는 것 같았다.

특히 박사과정 4년 차인 벨린다가 적극적으로 관심을 보였다. 벨린 다는 다른 교수들이 자신의 아이디어를 인정하지 않고 일만 도와주길 기대한다며 모니카에게 찾아왔다. 모니카는 벨린다가 마음에 들었다. 나이도 비슷했고 같이 이야기하기에 즐거운 친구인 듯했다. 그래서 자신의 지도교수가 되어 달라는 벨린다의 청을 수락했다.

하지만 몇 주일 후 모니카와 벨린다의 관계는 나빠지기 시작했다. 모니카는 벨린다가 관심 갖고 있는 연구에 참고가 될 만한 책을 추천 했고, 자신이 건네준 정보를 사전에 분석하라고 일러두었다. 2주가 지난 뒤에 다시 만났을 때, 벨린다는 추천 도서를 읽지도 않았고 데이 터를 분석하지도 않았다.

왜 아무런 진전이 없느냐고 묻자, 벨린다는 저렴한 비행기 표가 생 겨서 잠시 여행을 다녀왔다고 말했다. 아직 학기 중이었고, 논문 계획 서를 제출해야 하는 마감이 학기 말까지였으며, 벨린다가 박사과정을 제대로 해내지 못하고 있는 상황이었는데도 말이다.

모니카는 벨린다에게 해야 할 일을 끝내는 데 집중해야 한다고 충 고했다. 그러자 벨린다는 성질을 내며 모니카가 다른 나이든 교수들 과 비슷한 말을 한다면서, 조만간 모니카의 인생에도 대학 밖에서의 삶은 남아 있지 않을 거라고 쏘아붙였다.

벨린다가 이런저런 변명을 늘어놓으며 할 일을 계속 미루는 몇 주

동안, 모니카는 머리를 쥐어뜯으며 생각에 생각을 거듭했다.

벨린다는 왜 자기 일을 열심히 하지 않을까? 난 왜 그녀에게 동기부여를 할 수 없을까? 내가 대학원생들과 작업하는 방식이 잘못된 걸까? 내가 일에만 치중하고 결과에만 관심 갖는다는 벨린다 말이 혹시 맞는 걸까? 이번 학기에 어느 정도 일을 끝내야 하는데, 벨린다는 왜 그걸 모르는 걸까?

이 세상에 나 같은 사람은 별로 없다

모니카는 자기보다 스무 살쯤 많은 엘렌 교수와 얘기해보기로 결심했다. 엘렌 교수는 친절하고 따뜻하고 현명한 사람이었다. 모니카는 자신이 벨린다에게 도움이 되지 못하는 것 같다는 죄책감을 토로하며, 벨린다가 상황을 이해하지 못하고 있다는 말을 여러 번 반복했다. 엘렌 교수가 그녀의 얘기를 중단시키고 천천히 말했다.

"대부분의 학생들은 당신 같지 않아요. 단순히 지적인 면만 말하는 게 아니에요, 요즘 학생들은 성공하기 위해 지성보다 더 많은 게 필요하다는 사실을 이해하지 못해요. 각고의 노력, 기꺼이 다른 사람에게 배우려는 자세, 끈기 같은 것들이 필요하잖아요. 당신은 그걸 알지만 벨린다는 몰라요. 어쩌면 끝까지 모를 수도 있어요."

엘렌 교수의 말은 모니카가 과도한 생각에서 벗어나는 데 큰 역할을 했다. 벨린다가 그녀에게 배우려 하지 않는다면 억지로 성공을 향해 끌고 갈 수는 없는 노릇이라는 것을 깨달았다. 앞으로 계속 같이 일할 거라면 벨린다가 자신에게 기대하는 바가 무엇인지 제대로 얘기해봐야겠다는 생각이 들었다. 대화를 나눴을 때 벨린다는 실망스러워하고 기분 나빠하는 듯했다. 하지만 모니카는 그게 자신을 위한 더 건강한 방법이었고 잠재적으로 벨린다에게도 도움이 되는 일이었다는 것을 알 수 있었다.

우리가 생각의 늪에 빠질 때, 스스로에게 주로 하는 질문은 다른 사람의 행동에 관한 것이다. 예를 들어 '사장이 정부에 내는 연례 보고서에 사실대로 적지 말라고 했다. 어떻게 나한테 그 일을 시킬 수 있나?'와 같은 질문에 대한 유일한 답은 엘렌 교수가 모니카에게 했던 대답과 동일하다.

"이 세상에 당신 같은 사람은 별로 없다."

이것을 받아들여야 다른 사람의 행동을 우리 기대치에 끼워 맞추려고 애쓰지 않을 수 있다. 다른 사람의 행동은 분명 우리 예상과 똑같지 않다. 이 점을 깨닫는다면 상대방 행동에 대한 반응으로 우리가 뭘 어떻게 해야 하는지 더 명확하게 결정할 수 있을 것이다.

"그 사람이 어떻게
나한테 그럴 수 있지?"

생각이 너무 많아질 때 가장 자주 물어보는 질문 중 하나가 '그 사람이 나한테 어떻게 그럴 수 있지?'다. 우리가 잘못한 이들의 마음을 들여다보고 무슨 이유로 그런 행동을 했는지 이해할 수 있다면, 과도한 생각과 심적인 고통으로부터 벗어나 일말의 위안을 얻을 수 있을 것이다.

때때로 심리 치료를 받다 보면 이런 일이 일어난다. 사람들이 자신의 과거를 분석하고, 어찌하여 자신이 지금처럼 되었는지, 다른 사람들의 동기가 무엇이었을지 이해하게 되는 그런 시간 말이다. 자신에게 악영향을 미친 잘못된 행동에 항의하고, 무슨 일이 왜 일어났는지에 대해 깊이 대화를 나눌 수 있을 때도 약간의 위안을 얻을 수 있다. 하지만 대부분 우린 다른 사람의 마음이 어떤지 알 수 없다. 알더라도 그들의 행동이 받아들여지지 않을 때가 많다.

예를 들어, 프랜은 아버지가 알코올중독자였으며 그녀에게 폭력을 휘두른 게 주로 술 취한 상태에서 일어난 일이라는 사실을 알게 되었다. 하지만 안다고 해서 해답이 생겨난 것은 아니다.

아버지는 왜 알코올중독에서 벗어나려 하지 않았을까? 왜 아무런 도움도 받으려 하지 않았을까? 나한테 왜 그런 일이 일어나야 했을까? 내가 이걸 어떻게 극복해야 할까?

용서할 수 있어야 생각을 멈출 수 있다

프랜이 아버지의 행동에 대해 생각하고 또 생각하는 것에서 빠져나올 수 있었던 단 하나의 이유는, 자신에게 잘못한 아버지의 행동을 용서했기 때문이다. 그녀는 아버지의 행동이 비난받아 마땅하고, 믿을 수 없을 만큼 나쁜 짓이고, 많은 사람들이 용서하지 못할 일이라는 사실을 인정했다. 하지만 아버지를 용서하고 과도한 생각에서 벗어났다.

지난 수십 년간 자격과 권리에 집착하게 된 우리는 남의 잘못을 용서한다는 게 쉽지 않다. 자격과 권리에 집착하는 이들은 '우리에게는 우리 뜻대로 상황을 이끌어갈 권리가 있으며, 그게 마음대로 되지 않을 때는 우릴 화나게 한 이들에게 공개적으로 보복할 권리가 있다.'라고 생각한다.

남을 용서한다는 것은 보복에 대한 권리를 포기한다는 뜻이다. 이것은 많은 이들에게 감정적으로 힘든 일이다. 평생 '포기하지 마라.

끈질기게 붙잡고 늘어져라. 물러서지 말아라.'라고 세뇌를 당해왔으니 말이다. 특히 우리에게 가해진 잘못이 성폭행이나 고의적 방치나 불법적인 해고처럼 지독한 것이라면, 잘못한 사람을 용서하는 게 도저히 불가능하다고 느껴질 것이다.

여기서 중요한 첫 걸음은, 다른 사람의 행동을 용서한다는 것이 그 행동을 용납하거나 그걸 받아들일 수 있는 일로 여긴다는 뜻이 아니라는 점이다. 잘못을 행한 사람이 그 행동에 책임질 필요가 없다는 뜻도 아니다.

그래도 여전히 그 사람을 고발하거나, 소송을 제기하거나, 어떻게든 맞서고 싶을 수 있다. 하지만 서던 메소디스트 대학의 심리학자 마이클 맥컬로에 따르면, 용서란 아무 득 될 것 없는 감정적인 복수에 대한 욕망을 놓아주는 것이다. 분노와 증오가 당신의 마음과 머리에 박혀 있는 자리에서 떨어져 나온다는 뜻이다.

과도한 생각을 불러일으키는 또 다른 자극제는 죄책감과 수치심이다. 그래서 우리는 때때로 자기 자신을 용서해야 한다. 현대사회는 우리가 남에게 행한 일이나 자신이 한 선택에 대해 뉘우치고 당황스러워 해야 할 이유들을 끊임없이 제공한다.

어쩌자고 내 아이에게 그런 말을 했을까? 내가 전업주부로 아이들을 돌보는 게 오히려 아이를 망치고 있는 건 아닐까? 부모님이 자주 보고 싶어 하시는데 몇 개월씩이나 찾아뵙지 않다니, 어떻게 그럴 수 있어? 이러다 갑자기 돌아가시기라도 하면 어떡할 거야?

당신이 행동한 이유를 바로 안다면 앞으로 그런 행동을 하는 것을 피할 수 있다. 하지만 이유를 안다고 해서 언제나 죄책감이 드는 생각으로부터 위안을 얻을 수 있는 것은 아니다. 남이 당신에게 함부로 대한 이유를 안다고 해서 항상 분하고 억울한 생각으로부터 자유로워질 수 있는 게 아닌 것처럼 말이다.

당신이 아이에게 고함친 이유를 알고 있더라도, 여전히 그런 행동을 한 자신이 죄스러워지는 것은 어쩔 수 없다. 밖에 나가 일할 수밖에 없다는 것을 알면서도, 여전히 아이나 부모님이 당신과 더 많은 시간을 보내고 싶어 할 때마다 죄책감을 느끼게 되는 것도 마찬가지다.

이 지점이 바로 용서가 필요한 부분이다. 자신을 용서할 수 있다면, 과도한 생각에 빠져 허우적대지 않고 행동으로 이동할 수 있다. 용서하면, 복수하고 싶은 욕구에서 벗어나 회복과 수정에 정신을 집중할 수 있다. 더 높은 곳에 올라서서 일적인 스트레스가 집에까지 영향을 미치지 않도록 하는 방법을 생각할 여유가 생길 것이다. 일하는 시간과 부모님과 자녀와 보내는 시간 사이에 균형을 맞출 에너지와 창의력을 발휘할 수 있을 것이다. 죄책감을 느끼게 하는 이들에게 분노로 풀어버릴 가능성도 줄어들 것이다.

용서는 정신 건강뿐 아니라 신체 건강도 개선시킨다. 호프 대학의 심리학자 샬롯 반오엔 비트플리트, 토마스 루드비히, 켈리 반데르 란은 연구 참가자들에게 어떤 사람에게 어떤 학대를 당했고 어떤 모욕을 당했고 어떤 상처를 입었는지 설명하도록 했다. 그 다음에 무작위로 참가자 절반에게 그 상대를 이해하고 공감하려 애쓰며 용서하는 상상을 하도록 했다.

나머지 절반에게는 상대가 저지른 잘못을 마음속으로 되새기고 원한을 간직하며 용서하지 않는 상상을 하도록 했다. 그러면서 불안과 긴장을 나타내는 지수와 심박동수, 혈압을 포함한 다양한 생리적 측정을 했다.

결과는 용서하는 상상을 할 때보다 용서하지 못하는 상상을 할 때 심박동수, 혈압, 다른 스트레스 지표들이 현저하게 증가했다. 고질적으로 용서하지 않는 사람들은 만성 심장혈 활동항진증과 만성 생리적 흥분을 경험할 수 있으며, 이는 심장혈관계 질환과 면역체계 이상의 위험을 증가시키는 것으로 나타났다.

스탠퍼드 대학의 심리학자 칼 소레슨은 한 번 이상 심장발작을 경험한 남자들을 대상으로 연구를 진행했는데 원망, 적대감, 분노를 놓아주고 타인을 좀 더 용서하게 되면 관상동맥 건강이 개선된다는 사실을 발견했다.

해야만
한다는 착각

머릿속에 맴도는 걱정이 사실 자기 자신의 목소리가 아니라 우리에게 뭘 생각하고 느끼고 행동하라고 주입하는 다른 사람의 목소리인 경우가 적지 않다. 정신분열증 환자들이 듣는 그런 목소리를 말하는 게 아니다. '그렇게 수줍어하지 말고 더 크게 말해야지! 넌 살을 못 빼면 절대 출세 못 할 거야!'와 같은 자기 안에서 들리는 목소리가 마치 자신의 생각과 견해인 것처럼 들린다는 것이다.

여자들이 특히 자주 듣는 목소리는 '사람들에게 친절해야 돼. 주위 사람들 기분을 맞춰줘야 돼. 이 관계를 유지해야 해.'와 같은 것들이다. 누군가가 화를 내면, '내가 뭘 잘못했나? 이 일을 어떻게 수습하지?'라는 생각으로 빠져든다. 이렇게 고민하면서 남편, 아이, 부모, 동료의 기분을 좋게 만들려고 노력을 기울인다. 끙끙대며 고민하는 자신을 질책하고는 처음으로 돌아가 다시 고민한다.

우리가 하는 걱정은 주로 다른 사람의 소리인 경우가 많은데, 이는 스탠퍼드 대학의 정신의학자 데이비드 번스가 '해야만 한다(should)의 폭정'이라고 이름 붙인 것의 형태로 찾아온다. '더 좋은 엄마가 돼야 돼. 더 매력적인 여자가 돼야 돼. 더 성공해야 돼, 더 많은 교육을 받아야 돼. 텔레비전을 보지 말아야 돼, 정신건강의 날을 정해서 쇼핑하려 가는 일은 그만둬야 해.' 심지어 나에게 치료받은 한 여자는 이런 식으로 말했다.

"난 항상 내 발등 찍는 일을 해야만 한다니까요."

이런 '해야만 한다'는 생각에서 벗어나려면 어떻게 해야 할까? '난 이렇게 해야 돼….'라는 생각이 들기 시작하면, 잠시 멈추고 자신에게 "이건 누가 하는 말이지?"라고 질문하자.

쇼핑하러 가는 것은 도움이 안된다는 생각은 진짜 내 생각이 맞을까? 항상 열심히 일해야 한다고 밀어붙이면서 당신이 무슨 일을 하는 믿어주지 않는 아빠가 하는 말일 수도 있다. 더 매력적인 여자가 되어야 한다는 것은 누가 하는 말일까? 매력 없음에 대한 해결책이라며 물건을 팔아치우려고 하는 어느 회사가 만들어낸 말일 수도 있다. 더 많은 교육을 받아야 한다는 것은 누가 하는 말일까? 공부한다는 핑계로 학교에서 인생 대부분을 보내고 있는 거만한 사람이 하는 말일 수도 있다.

가끔 목소리의 근원을 알아내는 게 쉽지 않을 때도 있다. 그게 자아의 일부처럼 우리 안에 너무 깊이 박혀 있어서, 어디서 오는 건지도 알아차리기 힘들다. 심리 치료를 받으면 그런 목소리의 기원과 자극하는 상황에 대해 밝혀내는 데 도움이 될 것이다. 하지만 여기에도 한계가 있다. 이런 목소리를 넘어 더 높은 관점으로 이동하려면, 당신 안에서 흘러나오는 목소리에 도전하고 어떤 말에 귀 기울일지 고르고 선택할 수 있어야 한다.

6장

"현실적으로
생각해야
하는 순간"

생각의 악순환을 끊는 법

차라리 피하는 게
답일 때

살아가면서 새로운 도전과 딜레마가 눈앞에 닥치면 우린 언제든 다시 과도한 생각에 빠져들 위험이 있다. 내면에서 일어나는 의심과 걱정을 잠시 침묵시킬 수는 있다. 하지만 회사에서 실망스런 평가를 받거나, 친구와 갈등이 생기거나, 사랑하는 사람이 세상을 떠나거나 하는 사건이 생기면, 그 목소리가 다시 되살아나 우리를 모래 늪으로 끌고 들어간다. 이 장에서는 생각의 늪으로 다시 곤두박질치는 상황을 피하는 방법에 대해 이야기할 것이다.

자신에게 어떤 일이 걱정을 일으키고 어떤 상황이 걱정을 자극하는지 대부분은 잘 알고 있을 것이다. 어떤 사람에게는 대인 관계 갈등이 과도한 생각을 유발하는 가장 큰 원인이다. 다른 사람이 자신에게 화내는 것을 도저히 감당하지 못해서, 대인 관계에 갈등이 일어날 때마다 생각의 늪으로 빠져들게 되는 식이다. 누군가에게는 뭔가를 성취하지 못했을 때 과도한 생각이 생겨난다. 높은 목표를 세우고 그 목표를 이루기 위해 노력하다가 좌절하는 상황이 생길 때마다 자신에게 능력이 부족한 건 아닌지 하는 고민에 빠지는 것이다.

갑작스러운 승진은 진짜 기회일까?

당신이 약해지는 이런 지점들을 완벽하게 피할 방법은 없다. 우리 삶에는 늘 갈등과 실패와 거절이 동반되게 마련이다. 하지만 당신을 생각의 늪으로 밀어 넣을 가능성을 줄이는 방법은 분명 있다.

말라는 제약회사 연구실에서 일하는 유능한 연구원이다. 생물학 석사학위를 딴 이후로 그곳에서 8년을 일했다. 서른셋이 된 지금 그녀에게 연구실장으로 승진할 수 있는 기회가 찾아왔다. 새로운 책임을 맡아야 하고 연봉도 더 오를 것이다.

말라는 동료들에게 꽤 좋은 평판을 얻고 있었다. 회사 야구팀 주장을 맡을 정도로 운동을 잘했으며, 유머감각도 좋아서 정치 만화를 그려 구내식당 게시판에 붙여놓기도 했다. 자기가 일하는 분야에서는 전문가로서 기술적인 문제 해결과 도전을 좋아하는 실험 정신을 갖고 있었다.

하지만 말라는 자신이 훌륭한 실장이 될 수 있을지 확신이 서지 않았다. 연구실의 다른 과학자들과 실험 방법에 관해 언쟁하는 것은 편안했지만, 그것은 그녀의 영역이고 자신의 견해에 자신이 있기 때문이다. 하지만 연구실장이 되면 다른 기술자들의 성과를 평가해야 하고 연봉 협상도 담당해야 할 것이다. 그 영역에는 말라가 가장 싫어하는 종류의 갈등이 가득했다.

인사 고과나 연봉 문제로 동료와 언쟁해야 한다는 생각만 하면 몸이 움츠러들었다. 연구실에 필요한 지원 문제로 혹은 그들에게 주어지는 연구 배정 문제로 경영진과 언쟁해야 하는 것도 두려웠다. 연구실장 자리를 수락할지에 대해 생각할 시간이 주어졌다. 그녀는 골치 아픈 관리직을 맡았을 경우 무슨 말을 하고 무슨 행동을 해야 하는지 생각하며 시간을 보냈다.

결국 말라는 끝없이 생각의 늪으로 빠질 게 확실한 새로운 직무를 받아들이지 않기로 결심했다. 실장 직을 거절하긴 했지만, 연구실에서 더 많은 기술적 책임을 맡기로 협상했다. 그녀는 새로 맡은 책임들이 매우 만족스러웠고, 골머리 깨지는 생각의 구렁텅이로 빠져 들어가지 않은 것에 안도했다.

과도한 생각을 유발하는 원인을 피하는 게 항상 좋은 생각인 건 아니다. 때때로 회피는 내가 원하는 중요한 기회를 포기한다는 뜻일 수 있다. 하지만 잠재적 보상이 별로 크지 않은데 과도한 생각에 빠질 가능성이 너무 큰 경우라면, 애초에 그쪽으로 가지 않는 게 상책이다.

책임 없는 보상은 없다

만약 말라가 실장을 하고 싶은데 그 직위에 동반되는 대인관계 갈등을 잘 다룰 자신이 없어서 불안한 것이었다면 어떻게 해야 했을까?

무작정 실장 직을 수락한 다음 수시로 과도한 생각에 빠져들었다면, 심적으로도 힘들고 업무의 효율성도 떨어졌을 것이다. 이럴 경우엔 말라가 부족하다고 느끼는 관리 기술을 배워 직위도 얻고 그녀가 원하는 마음의 평화도 얻는 것이 좋은 방법이다.

일단 과도한 생각에서 빠져나와 더 높은 관점에서 바라보면, 자신에게 취약한 부분이 어디인지 명확히 볼 수 있으며 그것에 대해 뭔가 할 수 있다. 이런 약점을 극복하기 위해서는 전문가의 도움이 필요할 수 있다. 직업 기술을 향상시킬 강좌를 듣거나 새로운 경력을 쌓는 데 필요한 학위를 따야 할 경우도 있다.

폭음이나 폭식 같은 나쁜 습관이 생겨났다면 치료사를 찾는 것도 좋은 생각이다. 치료사들이 분노를 조절하거나 명확히 자기 의견을 주장할 수 있도록 도와줄 것이다. 자녀와의 관계가 과도한 생각의 원인이라면, 가정 치료 전문가와 상담하여 자녀와 더 다정한 관계를 맺을 수 있는 방법이 무엇인지 배울 수 있다.

어렵게 늪에서 빠져나와 올라간 높은 곳에서 추락하는 것을 막으려면, 그 걱정의 근원을 완전히 극복할 수 있도록 다른 사람들의 도움을 받아들이며 계획을 실행에 옮겨야 한다. 생각의 늪에서 잠시 벗어나는 임시방편에 만족해서는 안 된다.

작은 불을 하나 꺼놓고 다시 그 문제가 일어나지 않을 거라고 장담할 수 없다. 또다시 우리를 생각의 늪으로 끌고 갈 수 있는 구멍이나 부족한 기술의 틈바구니를 메우기 위해 길고 힘든 작업을 거쳐야 한다.

괴롭지만 높은 목표
vs. 행복한 포기

복잡한 생각과 고통밖에 가져다주지 않는 일인데도 평생 미련을 버리지 못하고 이루고자 하는 목적이 있을 수 있다. 어떤 게 그런 목적인지 깨닫는 것도, 그런 목적을 포기하는 것도 그리 쉬운 일은 아니다. 하지만 고질적으로 과도한 생각에 빠지지 않기 위해서 해로운 목적을 포기해야 하는 경우도 적지 않다.

나는 스탠퍼드에서 조교수 일을 시작했을 때 아직 집을 구할 돈이 없어서 돈이 모일 때까지 기숙사 담임교수직을 맡아 학부생 기숙사에서 생활했다. 그때 총명한 1학년 학생들을 많이 만났다.

그중에 학교에 도착한 첫날부터 의예과에 들어가 반드시 의사가 되리라 결의에 차 있는 학생들이 꽤 있었는데, 그들은 의사가 아닌 다른 선택에 대해서는 전혀 마음을 열려고 하지 않았다. 대학에 얼마나 다양한 강좌와 기회들이 포진해 있는데, 그들에게는 의대가 아니면 다른 아무것도 의미가 없는 듯했다.

하지만 첫해에 생물학과 물리학 시험이 그들의 기대를 실망시켰다. 의예과 학생 절반이 낙제했고, 낙제를 면한 학생들 중에서도 많은 이들이 만족스럽지 않은 성적을 받았다. 결국 그 학생들은 의사가 되려는 꿈을 포기하고 다른 직종으로 눈을 돌려야 했다.

가장 슬픈 경우는 의예과 과정을 문제없이 잘 치러냈으나, 실제로는 의사가 될 마음이 없고, 그래서 의예과에 있는 게 아무 의미가 없는 그런 학생들이다. 그들은 주로 자녀가 의사가 되기를 간절히 바라는 가정 출신이었다.

놓아주는 것도 방법이다

일부 심리학자들은 사람들이 생각의 늪에 빠져 허우적대는 주요 이유 중 하나가 불가능하거나 해로운 목표를 놓아주지 못하는 것 때문이라고 주장한다. 이런 목표가 자주 자신을 정의하는 핵심이 되기도 한다. 미시간 대학의 제니퍼 크로커는 이를 '자존감 수반성(어떤 일과 더불어 생기는 성질)'이라고 부른다.

사람들에게는 자신에 대해 좋은 감정을 느끼기 위해서 뭔가 충족되어야 하는 것들이 있다. 예를 들면, 일정 수준의 연봉을 받거나 패션 잡지 모델처럼 보여야 한다고 생각하는 경우가 있다. 그런데 문제는 자신에 대해 세워놓은 이 목표가 자기 파괴적인 행동을 하게 만들거나 이루기 불가능할 때 일어난다. 목표로 삼은 체중이 비현실적으로 낮은데도 건강을 상하게 할 정도까지 굶기를 계속하는 것처럼 말이다. 극도로 마른 몸매를 원하는 여자들이 거식증이나 폭식증 같은 식이장애를 겪을 가능성이 크다는 연구 결과도 발표된 바 있다.

결혼 생활이 실패로 돌아가고 있는데도, 사랑스런 아이들과 멋진 집과 성공한 남편이 있는 행복한 결혼 생활에 대한 상상에서 벗어나지 못하는 사람들도 있다.

가정이 깨지는 일은 절대 없어야 돼. 혹시 살을 조금 빼면 제리가 날 다시 봐주지 않을까? 하지만 내가 할 수 있는 일이 더 이상 아무것도 없는 것 같아. 제리가 바람을 피우고 있어. 제리가 날 떠나겠다고 하면 어떡하지? 그건 절대 안 돼!

여자들은 대인관계에서 불가능한 목표를 이루려 하는 경향이 있다. 주위 사람 모두를 행복하게 만들려고 노력한다. 누군가가 속상해하면 그 고통을 공유하고 해결해주려 하며, 과도하게 그 문제에 집착하고 고민한다. 누군가 우리에게 화를 내면, 하물며 가게 점원이 화를 내더라도 자신에게 책임이 있는 게 아닐까 전전긍긍한다.

기본적으로 모든 사람과의 관계와 만남이 긍정적이어야 한다거나 자기 때문에 힘들어지는 사람은 없어야 한다는 식의 목표를 놓아줄 수 있어야 한다. 이것이 잘 되질 않아서 우리 삶에 많은 고통을 일으키는 것이다.

때로는 자신이 가진 커다란 문제들 때문에 그 목표에 갇혀 있을 수

밖에 없는 기분이 들기도 한다. 경제력이 없어 남편의 수입이 필요하기 때문에 이혼하지 않으려고 아등바등하는 경우가 그 예다. 특별한 기술이 없어도 가정을 위해 다니기 싫은 직장에 계속 다녀야 하는 경우도 있을 것이다.

하지만 생각을 너무 많이 하면, 그 생각들이 시야를 가로막는다. 딜레마를 해결할 수 있는 대안을 보지 못하게 한다. 생각의 늪에 빠져 있을 때는 지금 이 힘든 상황에서 벗어날 수 있는 방법에 대해 생각할 여유가 없다. 다른 선택의 여지가 있다는 생각조차 하지 못한다.

따라서 당신이 처해 있는 환경 때문에 불가능한 목표에 매달릴 수밖에 없는 때라도, 과도한 생각에서 벗어나는 것이 중요하다. 그러면 다른 선택의 여지들을 검토할 수 있고, 그 상황에서 벗어날 수 있는 방법이 보이기 시작할 것이다.

건강한 목표인지 판단하는 법

당신의 목표가 건강한지 해로운지 어떻게 알 수 있을까? 심리학자들이 건강한 목표의 특징을 규명했는데, 이는 주로 행복한 사람들이 품고 성취하는 목표들이다.

1. 외부 사람에 의해서가 아니라 스스로 만들어야 한다

'난 해야만 돼.'라는 생각이 들 때 "이게 누가 하는 말이지?"라고 자문할 수 있어야 한다. 당신이 아닌 다른 사람이라는 답이 나온다면, 그 목표가 정말 '당신'이 추구하고 싶은 것인지 아니면 다른 사람이 좋아할 것 같아서 추구하려는 것인지 의문을 가져야 한다.

2. 현실적이고 실현 가능해야 한다

44사이즈 입기나 엄마 성격 뜯어고치기, 배우자에게 절대 화내지 않기, 이런 불가능한 목표를 이루기 위해 끝없이 노력하다가는 생각의 늪으로 빠져들 가능성이 거의 100퍼센트다.

좀 더 합리적인 수준으로 목표를 완화시키자. '55사이즈를 입겠다, 엄마 성격에 너무 연연하지 않을 방법을 찾아보겠다, 결혼 생활에서 남편과 갈등이 일어나는 것은 정상적이고 건강한 일이니 좋은 해법을 찾는 데 집중하겠다'와 같이 목표를 조절할 수 있을 것이다.

막스 프랑크 연구소와 베를린 프레이 대학의 심리학자 폴과 마가렛 발테스는 '성공적인 노화'라는 제목으로 나이 든 사람들이 노화에 동반되는 신체 능력 저하와 기회 감소에 성공적으로 대응하는 방법을 연구했는데, 자신이 처한 현실에 맞게 목표를 조절한 이들이 가장 행복하게 살아간다는 사실을 발견했다.

평생 달리기를 좋아했던 어느 노인은 관절에 문제가 생겨 조깅을 포기해야 했을 때, 건강과 활동성을 유지하면서도 신체적으로 무리가 덜 가는 다른 운동을 대안으로 찾아냈다. 원예 작업을 매우 좋아했던 어떤 노인은 나이 들어서 동네 텃밭을 가꿀 수 없게 되자 집 뒤쪽에 있는 작은 땅에 좋아하는 채소들을 심었다.

물론 남이 비현실적이라거나 불가능하다고 말한다는 이유만으로 자신의 목표를 포기하고 싶은 사람은 없을 것이다. 성공한 사람들 중에서 그들의 목표나 희망이나 꿈이 불가능하다는 말을 듣고 포기한 사람은 과연 얼마나 될까?

하지만 일반적으로 그렇게 성공하는 건 쉽지 않다. 그러니 믿을 수 있는 친구나 가족, 혹은 치료사 같은 중립적인 입장의 사람들과 얘기해보자. 당신의 목표가 현실적인지(야심이 크든 작든 상관없이) 아닌지 가려내는 데 도움을 받을 수 있을 것이다.

3. 목표가 서로 부딪히는 경우가 있는데, 이럴 때 그 점을 알아차리고 해결하기 위해 노력해야 한다

일하면서 아이를 키우는 여자들은 이런 갈등에 익숙할 것이다. 일을 하긴 해야겠는데 아이들을 건강하게 잘 키우고 싶기도 하다. 하나의 목표를 추구하는 것이 언제나 다른 목표를 갉아먹는 것 같다. 그래서 우리는 생각하고 또 생각한다.

논문을 더 많이 써서 발표해야 돼. 그러지 못하면 종신교수 자리를 받지 못할 거야. 시간이 너무 부족해. 이번 주만 해도 알렉스가 귓병에 걸려서 이틀이나 일을 못했어. 아이는 아프고 힘들어하는데, 다음주 연구비 마감만 생각하고 있었으니 말이야. 아이와 보내는 시간이 너무 적은 것 같아. 같이 있을 때도 피곤해서 제대로 집중을 못 하잖아. 이러다간 소중한 내 아이의 어린 시절을 놓쳐버리고 말 거야.

다른 중요한 목표와 상충된다는 이유로 또 하나의 중요한 목표를 포기하는 여자들도 있다. 직업적으로 성공하기 위해 아이를 낳지 않기로 결정하거나, 아이들과 더 많은 시간을 함께하기 위해 직장을 그만두기도 한다.

긍정적인 선택일 수도 있지만, 자신이 적극적으로 그 선택을 했을 때조차 우린 후회라는 감정에 빠져든다. 또는 그게 옳은 선택이 아니었다는 다른 사람의 말 때문에 마음이 흔들릴 수도 있다.

내가 일을 그만뒀던 이유는 아이들에게 정성을 쏟고 싶어서였어. 그런데 그게 과연 잘한 결정이었을까? 하루 종일 아이들 생각하느라 정신이 하나도 없어. 첫 아이 낳고 일을 그만둘 때 동생이 나더러 미쳤다고 했었지. 지금의 나를 보면 그 애가 뭐라고 할까? 아마 더 말할 가치도 없다고 생각할 거야.

상반된 목표중 하나를 포기하는 것이 과도한 생각을 줄이는 데 도움이 될 수 있겠지만, 꼭 그렇다고 장담할 순 없다. 이럴 때 활용할 만한 전략은 각각의 목표에 대한 기대치를 낮추는 것이다. 그럼 두 가지 목표를 다 달성할 가능성이 높아진다.

당신이 대학에서 종신교수 자리를 따내고 싶고 좋은 엄마도 되고 싶은데, 이 두 가지 목표를 이루려고 노력하는 게 미치도록 힘들다고 가정해보자. 그럴 경우, 일류대학에서 종신교수가 되리라는 목표를 포기하고 웬만한 대학에서의 종신교수 자리에 만족할 수도 있을 것이다. 친정엄마처럼 아이 넷을 낳으리라는 목표를 포기하고 하나나 둘에 만족을 할 수도 있을 것이다.

4. 실패를 피하기보다 성공을 이루기 위해 노력해야 한다

콜롬비아 대학의 발달심리학자 캐롤 드웩은 성공하는 게 목표인 아이들과 실패하지 않는 게 목표인 아이들에 관한 매우 흥미로운 연구를 실시했다.

그 결과에 따르면, 성공하고자 하는 아이들은 더 창의적이고 모험적이며 더 도전적인 과제들을 시도하고 실패한 후에는 쉽게 다시 일어난다. 실패하지 않으려는 아이들은 새롭고 더 흥미로울 수 있는 과제를 시도하기보다 이미 방법을 알고 있는 과제들에 안주한다. 실패했을 때는 자책하고 낙담하고 상황이 뜻대로 풀리지 않으면 과도한 생각에 빠지기도 한다.

우리 역시 마찬가지다. 성공을 이루려 하기보다 실패를 피하는 데 집중한다면, 중간에 겪는 작은 좌절들이 생각의 늪으로 이어질 것이다.

내가 어쩌자고 새 관리직 자리에 지원했을까. 가능성이 없다는 걸 알았어야 했어. 싫더라도 지금 하는 일을 계속해야 돼. 적어도 그건 안전하잖아. 사장이 이제 날 어떤 눈으로 쳐다볼까? 내가 다른 사람들보다 모자라다는 게 드러났어. 이제 직장에서 쫓겨날지도 몰라!

실패를 피하는 쪽보다 성공하고자 하는 쪽에 더 관심을 기울일 경우, 중간에 좌절할 일이 생기더라도 심각하게 받아들이지 않을 수 있다. 궁극적인 목표로 나아가는 과정에서 작은 좌절들이 생길 수밖에 없고 어차피 피할 수 없는 일이니 이겨내야 한다는 식으로 생각한다. 언제 일이 터질지 몰라 긴장하고 노심초사할 가능성이 줄어들 뿐 아니라, 최악의 상황이 벌어지더라도 심리적으로 자신을 일으켜 세워 다시 앞으로 나아갈 수 있을 것이다.

그 사람의
의견일 뿐이다

앞에서 가족이 불치병에 걸린 것 같은 극도의 스트레스 상황에서
도, 의도적으로 긍정적인 감정을 삶에 주입시킨 사람이 감정적으로나
신체적으로나 더 빨리 회복한다는 수잔 포크만의 연구를 언급한 바
있다. 긍정적인 감정이 우리의 시야를 넓혀 더 창의적으로 문제를 해
결할 수 있도록 유도한다는 바바라 프레드릭슨의 말도 인용했다.

열심히 긍정적인 감정 경험을 쌓는다면 단기적으로 기분이 나아질
뿐 아니라, 장기적으로는 과도한 생각을 줄여 삶의 장애물들을 극복
하게 해줄 것이다.

스물아홉 살 주부 데비는 비판적이고 신랄하게 말하는 엄마 밑에서
자랐다. 어렸을 때부터 늘 내 아이들에게는 더 좋은 엄마가 되리라고

마음먹었지만, 보고 배울 만한 역할 모델이 없었기 때문에 자신이 정말 좋은 엄마가 될 수 있을지에 대해 임신 기간 내내 불안해했다.

다행히 그녀의 임신 기간은 별 문제없이 지나갔고, 토마스라는 어여쁜 아들을 낳았다. 데비는 토마스를 헌신적으로 돌보았다. 아이는 건강하고 정상적으로 성장했다. 하지만 토마스가 이가 나느라 잠을 설치는 것 같은 약간의 어려움만 생겨도, 데비는 자신이 엄마로서 적합한지에 대한 과도한 생각에 빠져들었다. 친정엄마에게 참을 수 없이 화가 나기도 했다.

엄마가 항상 나한테 형편없는 엄마가 될 거라고 그랬어. 그 말이 맞았어. 난 엄마로서 실패자야. 내 아들이 나중에 나처럼 되면 어쩌지? 난 왜 그렇게 못된 엄마 뱃속에서 태어났을까? 엄마는 왜 이렇게 날 자신 없는 아이로 키웠을까? 이렇게 키울 바에는 차라리 다른 집에 양녀로 보내버렸으면 좋았을 걸.

토마스가 한 살이 됐을 때, 데비는 이런 생각을 그만해야겠다고 결심했다. 그런 식으로 생각해봤자 스스로를 비참하게 만들 뿐이었다. 그녀는 토마스가 건강하지 않거나 행복하지 않을까 봐 늘 전전긍긍하는 느낌이었다. 일이 조금만 잘못되어도 자신을 질책하느라 정신이 없었다. 하지만 이젠 자신의 약점을 곱씹기보다 장점을 발휘하는 쪽에 정신을 집중하기로 결심했다.

자기 자신에게 관대해지기

그녀는 먼저 그녀보다 몇 살 위고 이미 몇 년 전에 엄마의 지배력에서 벗어난 언니 패티와 이야기함으로써 부정적인 생각의 고리를 끊어냈다. 패티는 동생의 불안감에 동정을 표하면서, 데비가 정말 엄마로서 무능한 게 아니라 친정엄마의 가혹한 말들이 그런 착각을 만들어낸 거라는 점을 인식하도록 도왔다.

또한 데비가 잘하고 즐거워하는 활동들을 찾을 수 있도록 격려하며 어떤 것이 좋을지 함께 고민했다. 언니가 "데비, 넌 운동을 아주 잘해. 손재주도 좋아."와 같은 말을 하면 데비는 기운이 났고 걱정으로부터 자유로워지는 느낌이었다. 데비는 곧 테니스 강좌에 등록했고(토마스를 돌봐줄 탁아시설도 갖춰진 곳이다) 근처 대학에서 조각 강의를 듣기도 했다.

데비는 이렇게 엄마 역할에 대해 너무 많이 생각하지 않도록 조절했지만, 다시 과도한 생각으로 빠져들 위험성은 분명 남아 있었다. 그래서 다시 과도한 생각에 빠져드는 느낌이 들면 어떻게 할지에 대해 계획을 세웠다.

우선 생각의 늪에서 벗어나 긍정적인 감정을 주입할 수 있는 방법들을 적어 내려갔다. '규칙적으로 테니스를 친다. 조각 연습을 한다. 패티 언니에게 전화한다.' 자신이 과도한 생각에 빠져 들어가는 느낌이 들 때 적어도 이 중 하나를 하기로 마음먹었다.

그 다음 생각의 늪을 벗어나 높은 관점에서 바라보기 위해 필요한 사항들을 적어보았다.

마음이 불안한 건 나의 무능함과 아무런 상관이 없다. 다른 사람들 모두 나를 좋은 엄마로 생각한다. 친정엄마는 어차피 매사에 좋은 소리를 하지 않을 테니까 더 이상 바꾸려고 노력하지 말자. 토마스에게 문제가 생길 때마다 대처 방법을 늘 정확히 알 수는 없겠지만 아무튼 최선을 다하자.

데비는 생각이 너무 많아진다 싶을 때마다 이 목록을 들여다보며 자신이 배운 바를 한번 더 되새겼고, 기분을 더 낫게 만들 행동을 하기 시작했다.

데비는 이 두 가지 방식으로 삶에 긍정적인 감정들을 쌓아나갔다. 첫째, 자신이 즐길 수 있는 새로운 활동을 찾았다. 둘째, 마음속 두려움과 걱정에 반박하고 자신이 배운 것들을 다시 상기시키기 위해 노력했다. 이 전략을 쓰자 항상 자신을 채찍질하던 상태에서 벗어나 자신에게 좀 더 관대해질 수 있었다. 아들에게 전해주고 싶은 긍정적인 삶과 자아상을 만들 수 있었다.

일상생활에서 긍정적인 감정을 규칙적으로 주입하는 것은 매우 중요하다. 마음이 괴로워지고 생각이 너무 많아질 때까지 기다릴 필요 없다. 일단 생각의 늪에 빠지면 긍정적인 감정을 주입해야 한다는 생각조차 하기 힘들어진다.

운동, 명상, 취미 생활, 산책 등 매일매일 당신에게 행복감을 줄 만한 무엇이든 해보자. 특히 종일 똑같은 일을 반복하거나 정신없이 돌아가는 따분하고 고된 일상을 살아가고 있다면, 매일 일부러 단 몇 분이라도 시간을 내서 행복하고 기분 좋은 무언가를 하는 게 중요하다. 규칙적으로 자신에게 좋은 무언가를 한다는 사실 자체가 기분을 더 좋게 만들고 삶의 통제력을 붙잡아줄 수 있을 것이다. 또 긍정적인 감정을 자주 경험한다면 변화나 스트레스 요인들을 다룰 수 있는 방법도 좀 더 독창적으로 생각할 수 있다.

"왜?"라는
질문의 힘

우리는 종종 자기 자신에 대해 이해하려다가 너무 많은 생각에 빠진다.

내가 왜 지금 이 상태까지 왔을까, 난 왜 이런 사람이 됐을까. 나에게 그 일이 왜 일어났을까….

특히 여자들은 자신의 삶이 왜 지금처럼 흘러가는지에 대한 해명 혹은 설명이 필요한 듯하다. 삶이 제대로 풀리지 않는 것 같을 때 특히 더 심해진다. 아이들이 왜 못된 짓을 하는지, 왜 항상 마음에 안 드는 상사들만 만나게 되는지, 연인과의 관계가 왜 항상 불안한지 그 이유를 알아야만 직성이 풀리는 것 같다.

물론 문제를 극복하기 위해서는 원인을 알아야 한다. 하지만 힘든 상황 뒤에 숨어 있는 이야기는 종종 역효과를 일으킬 수 있다. 생각을 너무 많이 하게 만들 수 있기 때문이다. 자신에게 '왜?'라는 질문을 던지는데 항상 해답이 나오지 않는다면, 그것은 아마 생각의 늪에 빠졌기 때문일 것이다.

진짜 나의 마음을 꺼내는 일

우리는 유가족을 대상으로 한 연구에서 이 점을 확인했다. '내가 사랑하는 그 사람이 왜 죽었을까?'라는 질문에 답을 얻지 못한 사람들은 사랑하는 사람이 세상을 떠난 뒤 몇 개월이 지났어도 여전히 우울한 상태일 가능성이 컸다.

반면에 이 질문에 어떤 대답이든 떠올릴 수 있었던 사람들은 사랑하는 사람을 잃은 지 몇 개월 내에 슬픔과 우울증으로부터 다소 자유로워질 수 있었다. 그들이 이 질문에 어떤 대답을 하는지는 중요하지 않았다. 실존주의적인 답도 있고("사람은 어차피 태어나면 죽는 거야. 그런 게 인생이야."), 종교적인 답도 있고("그건 신의 뜻이었어."), 과학적인 답을 찾은 사람도 있었다("하루에 담배를 세 갑씩 피웠기 때문에 폐암에 걸려 죽었던 거야."). 어떤 식으로든 질문에 대한 답을 찾으면, 그들에게 도움이 되는 것 같았다.

따라서 장기적으로 과도한 생각에서 벗어나기 위한 전략은 스스로 만족할 수 있는 '왜?'라는 질문에 대한 답을 찾아내는 것이다. 지금까지 늘 그 답을 찾으려고 노력했는데 실패했다고 말하는 사람들도 있을 것이다. 답을 찾아 헤맸지만 그게 당신을 생각의 늪으로 이끌었을 뿐이라면, 심리 치료 같은 전문적인 도움을 받는 게 필요할 수도 있다.

심리 치료사 제롬 프랭크는 어떠한 심리 치료에서든 우리에게 '이야기'를 제시해주는 것이 중요하다고 말한다. 통찰력과 일관성을 부여해 마음속 감정과 삶을 이해할 수 있게 해주는 이야기 말이다.

물론 각각의 심리 치료마다 다루는 부분이 다양할 것이다. 정신역학 쪽에서는 지금의 당신이 되도록 이끌었던 초년기 갈등과 경험을 탐험할 것이다. 인지요법에서는 당신의 감정과 행동을 불건전하게 몰아가는 사고방식에 대해 규명할 것이다.

어느 심리 치료사가 제시하는 이야기가 다른 심리 치료사의 것보다 더 일리 있게 느껴질 수 있으니, 자신에게 맞는 이야기를 찾아내기 위해 여러 번 심리 치료를 시도해봐야 할 가능성도 있다. 하지만 기본적으로 심리 치료는 자신의 이야기를 이해하는 일이며, 각각의 심리 치료는 당신 삶의 이야기가 나아지려면 어떻게 해야 하는지 처방해줄 것이다.

스스로를 이해하고 싶은 사람들

요즘은 자신의 이야기를 이해하기 위해 생물학 쪽으로 눈을 돌리는 사람들이 많다. 심리적 어려움을 생물학적으로 설명하려는 분위기는 인간의 기분과 성격에 영향을 미치는 유전적·생화학적 요소들을 찾아가는 생물학적 정신의학이 빠르게 진보한 덕분이기도 하다.

어떤 면에서 모든 것에 생물학적 설명을 얻으려는 열정은, 임시방편으로나마 해결해보고자 하는 집착 때문일 수도 있다. 내 아들이 술을 너무 많이 마시면, 아들이 알코올중독자 삼촌의 유전자를 물려받았기 때문이라고 생각하는 편이 간단하다. 내가 우울증을 겪고 있다면, 뇌 속 화학 물질들의 균형이 깨졌기 때문이라고 생각하면 간단하다. 가끔 이 설명이 맞는 경우도 있지만, 고통스런 현실과 삶의 선택들에 직면하기보다 회피하려고 이런 단순한 생물학적 대답을 선호하는 경우도 있다.

우리가 자신의 이야기를 찾으려 할 때 의지할 수 있는 곳은 다양하다. 어떤 사람은 종교가 제시하는 이야기에서 만족을 찾는다. 어떤 사람은 전문 강의를 듣고 책을 읽고 조사한다. "왜"라는 질문을 듣고 친구나 가족과 함께 얘기해보는 것이 답을 찾는 데 도움이 될 수도 있다. 당신의 형제 혹은 자매가 당신과 같은 불안증과 약한 면을 지니고 있었는데 그것을 단지 드러내서 얘기하지 않았을 뿐이라는 사실을 발견하게 될 수도 있다. 어쩌면 그들의 이야기 속에 담긴 요소들이 당신의 삶과 일맥상통할 수도 있을 것이다.

여기서 중요한 것은, 상황이 우리가 원하는 것처럼 그리 간단하지 않다는 점이다. 내가 왜 지금의 성격을 가지게 되었는지에 대한 과거 경험이 무엇인지 알아낼 수도 있고, 우울증이나 다른 심리적 문제에 유전적인 요소가 작동한다는 그럴 듯한 증거가 있을 수도 있다.

하지만 우리 인간은 생물학적·심리적으로 매우 복잡한 체계를 이루고 있으며, 우리가 살고 있는 사회 시스템은 그보다 훨씬 더 복잡하다. 작가 E. B. 화이트가 말한 것처럼, 하나가 항상 또 다른 것으로 이어지기 때문에, 세상사가 얼마나 복잡해질 수 있는지에 대한 한계는 없다.

지금 자신에 대해서 찾은 간단한 설명에 너무 고착되어 있으면, 모순되는 증거가 나타나는 순간 생각의 늪으로 풍덩 빠져들 수 있다. 인간이 얼마나 복잡한 존재인지 깨닫고 변화의 기회를 제공하는 요소로 받아 들여야 한다.

예를 들어, 당신의 우울증이 주로 생물학적 원인인 것 같은데 명상을 해봐도 효과가 없다면 심리 요법이 도움이 될 수도 있다는 사실을 고려할 것이다. 당신의 우울증이 어린 시절 경험에 뿌리를 둔 것 같은데 심리요법을 몇 년 해봐도 여전히 기분 변화가 심하다면, 기분 변화를 조절하기 위해 심리 치료에 명상 요법을 더할 수도 있을 것이다.

딸로서, 아내로서,
엄마로서 사는 삶

　자신의 역할과 이미지 때문에 과도한 생각에 빠지는 경우가 있다. 이것이 스스로 자신에 대한 견해를 결정짓는 커다란 요소일 수도 있기 때문이다. 삶의 한 역할, 즉 엄마 또는 직장인으로서의 모습만을 위주로 자신을 판단하면, 생각의 늪으로 쉽게 빠져들게 될 것이다. 그런 경우에는 이 역할을 얼마나 잘해내는지가 중요하다. 그게 우리의 전부이기 때문이다.

　자신에 대한 견해가 엄마로서의 역할을 기반으로 한다면, 아이의 행동에 문제가 생기거나 자녀에게 자주 짜증을 내게 되는 식으로 이 역할에 문제가 생길 경우, 그것이 당신의 자아상 전체를 위협한다. 이 역할에서 발생하는 문제에 굉장히 민감해질 것이고, 문제가 생기면 망연자실하게 될 것이다. 당신을 위로하거나 격려할 자긍심이나 다른 만족의 근원이 없어진다.

예상하지 못한 시련이 찾아왔을 때

쉴라는 자신이 인생에서 원하는 모든 것을 얻었다고 생각했다. 아직 서른한 살이라는 젊은 나이였고, 잘나가는 변호사와 결혼해 편안한 삶을 살고 있다. 아름답고 건강한 아이가 둘 있으며, 남부 대도시의 근사한 외곽지역에 멋진 집도 갖고 있다.

그녀는 대학을 졸업한 후 작은 소프트웨어 회사 마케팅 부서에서 일하다 결혼했다. 첫째 아이가 생겼을 때 전업주부가 되기 위해 직장을 그만두었으며, 그 후로는 전적으로 아이에게 헌신했다. 아이에게 온 정성을 쏟을 수 있어서 그녀는 무척이나 행복했다. 하지만 18개월 후에 둘째 아이가 태어나자, 쉴라는 어린아이 둘을 키우느라 그야말로 눈코 뜰 새 없이 바빠졌다.

남편은 일 때문에 늘 바빠서 가족과 같이 보내는 시간이 별로 없었다. 직장을 그만둔 뒤로 그나마 그녀가 알고 지냈던 친구들은 다 떨어져나갔고, 아이들 키우느라 바빠서 다른 친구들을 사귈 여유도 별로 없었다. 혼자인 것 같은 외로움이 느껴질 때마다 그녀는 이렇게 중얼거렸다.

"그래도 나한텐 아이들이 있잖아. 친구들과 계속 연락하고 지내기도 힘들고, 어쨌든 만날 시간도 없어."

쉴라는 항상 아이들 중 하나의 뒤를 쫓아다니거나, 책을 읽어주거나, 아이들을 먹이거나, 공원에서 놀아주었지만, 그럼에도 생각할 시간은 충분했다. 때때로 생각이 지나치게 많아지기도 했다.

내가 아이들을 잘 키우고 있는 걸까? 어린이집에 보내야 하는 건 아닐까? 어렸을 때 사고력을 개발해줘야 나중에 공부를 잘한다던데. 하지만 난 정말 하루 종일 애들과 같이 있고 싶어. 아이들을 어린이집에 보내면 난 뭘 해? 하지만 아이들의 사교성은 어떡하지? 공원에서 다른 아이들과 같이 노는 것으로 충분할까?

세 살 난 첫째의 정기 점진을 위해 소아과에 데려갔을 때, 쉴라의 평화롭고 만족스러운 삶은 산산조각 났다. 의사가 아이의 심장소리에 잡음이 섞여 난다고 말한 것이다. 그러더니 아이의 혈압을 쟀고, 혈압이 매우 높다고 말했다. 그리곤 아이를 소아심장학과에 데려가보라고 권했다. 집으로 돌아오는 동안 쉴라의 머릿속은 너무나 복잡했다.

의사가 한 말이 무슨 뜻이지? 내 아이에게 무슨 문제가 있나? 왜 전에는 아무 문제 없었던 거야? 뭔가 잘못됐다는 걸 내가 왜 몰랐을까? 우리 아이를 어떻게 치료하지? 하나도 모르겠어.

평소처럼 남편은 밤 9시까지 집에 돌아오지 않았다. 그때쯤 쉴라는 필요할 때 옆에 없는 남편에게 화가 날 대로 나 있었다. 그래서 문을 들어서는 그를 보자마자 왜 이렇게 늦었냐며 화를 냈다. 그 후 쉴라는 분노와 두려움이 섞은 어조로 첫째 아이의 심장 잡음과 혈압에 대한 소식을 쏟아냈다. 남편은 아무 일 없을 거라며 그녀를 달래려고 애썼다. 하지만 남편의 말은 그녀에게 아무런 위로도 되지 않았다. 그녀는 밤새도록 아이에 대해 그리고 마크에 대해 걱정하며 잠을 이루지 못했다.

마크에게도 문제가 있는 거면 어쩌지? 문제가 있는데 의사가 아직 발견 못한 거라면 어떡해? 아이 심장이 제대로 뛰는지도 모르다니, 무슨 엄마가 이래? 첫째한테 이상이 생긴 게 유전적인 원인 때문일까? 우리 부부한테 안 좋은 것을 물려받았나? 의사가 수술하자고 하면 어쩌지? 내 딸이 고통받는 걸 어떻게 견딜 수 있겠어.

걱정스런 생각과 소름끼치는 상상들이 그녀를 밤새 잠 못 들게 했다. 밤새 뒤척인 탓에 그녀는 다음날 완전히 녹초가 됐다. 2주 후 진료를 예약한 날이 올 때까지 낮에도 밤에도 이런 생각이 계속되었다.
　드디어 병원에 가는 날, 이번에는 심장 전문의가 아이의 심장 소리를 듣고 잡음을 확인했다. 쉴라는 금방이라도 울음을 터뜨릴 것 같았다. 의사는 잡음이 여러 요인에 의해 생겨날 수 있으며 그게 꼭 걱정해야 할 일은 아니라고 말했다. 하지만 쉴라의 귀엔 의사가 하는 말이 들리지 않았다. 수술대에 오른 아이의 모습이 자꾸만 상상되었기 때문이다.
　하지만 의사는 아이의 혈압이 정상이라고 말했다. 쉴라는 자기도 모르게 "뭐라고요?"라고 소리쳤다. "전에는 굉장히 높다고 했는데요."

의사는 혈압이 오만가지 요인에 의해 오르락내리락 할 수 있는 변덕쟁이라면서, 주사 놓는 의사를 만나는 스트레스도 혈압을 높일 수 있는 요인이라고 말했다. 그리고는 2개월 후에 다시 와서 잡음과 혈압을 점검하자는 말로 그 만남을 끝냈다.

역할을 하나로 한정하지 말아야 하는 이유

쉴라는 지치고 혼란스러운 기분으로 집에 돌아왔다. 그녀는 집에 돌아오자마자 자신의 엄마에게 전화했다. 지금까지는 아이의 심장에 문제가 있다는 말을 하지 않았다. 확실하지도 않은데 괜한 걱정을 끼치고 싶지 않았기 때문이다. 하지만 이번에 전화했을 때는, 엄마 목소리가 들리자마자 모든 이야기를 죄다 털어놓았다. 아이에 대한 걱정과 두려움도 모두 쏟아냈다.

엄마는 중간에 쉴라를 달랬다.

"숨 좀 돌려. 진정해. 마음 가라앉히고 다시 천천히 얘기해봐."

쉴라는 말을 계속 이어갔고, 그녀의 말이 심장전문의가 잡음이 나는 게 꼭 심각하게 걱정할 일은 아니라고 했다는 부분에 이르자, 엄마는 그게 아주 좋은 소식이라고 말했다. 게다가 그 병원은 최고의 소아병원 중 한 곳이니 그 심장 전문의도 분명 아주 유능한 분일 거라고 했다. 잠시 후, 쉴라의 마음은 전보다 훨씬 차분하게 가라앉았고 머리도 맑아졌다.

그때 엄마가 "왜 더 일찍 나한테 얘기 안 했어?"라고 물었다. 쉴라가 걱정끼치기 싫었다고 말하자, 엄마가 쯧쯧 혀를 찼다.

"예쁜 집에서 예쁜 아이들하고만 시간을 보내니까 네가 깜박했구나. 널 사랑하는 사람들은 네가 힘들 때 격려해주고 싶어 한단다. 같이 얘기할 사람이나 다른 할 일들을 좀 더 찾아봐야 돼. 하루종일 아이들과 집에만 있지 말고. 아이들하고 집에만 숨어 있으면 머릿속만 점점 더 복잡해질 거야."

처음에 쉴라는 엄마에게 화가 났다. 딸이 힘들어할 때 힘이 되는 말을 하는 게 엄마로서 할 일이 아닌가. 하지만 곧 엄마 말이 맞다는 것을 깨달았다. 그녀는 아이들과 남편을 제외하고 얘기할 사람 하나 없이 너무 고립되어 있었다.

그녀는 완벽한 엄마로 자신의 이미지를 만들었는데, 아이에게 문제가 있을 수도 있다는 말이 그 이미지를 산산이 깨뜨렸다. 새로운 친구들을 사귈 필요가 있었다. 아이들에게서 떨어져 있을 시간과 새로운 활동을 찾아야 했다. 엄마가 아닌 그녀 자신이 될 수 있는 기회를 찾아야 했다.

쉴라처럼 자신의 이미지가 한두 가지 역할에만 집중되어 있다면, 이제 기반을 좀 넓혀야 할 시간이다. 자긍심의 근원을 확장시켜야 한다. 별 의미도 없는 백 가지 활동에 참여해야 한다는 뜻이 아니다. 당신의 에너지와 자원을 집중시킬 수 있는 몇 가지 일을 찾으라는 뜻이다.

도예 같은 새로운 기술을 배울 수도 있고, 요양원 자원봉사자로서 새로운 관계를 맺을 수도 있고, 동물보호협회처럼 의미 있는 일을 하는 조직에 참여할 수도 있다.

여기서 핵심은 당신의 기본 가치관과 욕구에 어울리는 새로운 역할을 찾는 것이다. 다른 사람을 만나고 새로운 관계를 맺을 수 있는, 당신의 자아를 긍정적으로 강화시킬 수 있는 일을 찾아야 한다. 그럼 한 역할에서 뭔가가 잘못되어도 다른 역할로 만족감을 되찾을 수 있고, 균형 잡힌 자아상도 유지할 수 있다.

새로운 친구의
역할

삶에 새로운 역할을 추가하면, 힘들 때 지지해주고 어려움에 관해 조언해주는 친구들이 추가될 것이다. 삶에 새로운 역할을 추가할 필요가 없더라도, 지금 내 옆에 있는 친구들이 복잡한 생각을 오히려 더 부추기는 쪽이라면 새로운 친구를 찾아야 할 때다.

내가 언제나 듣는 사람이라면

당신이 누구에게나 듬직한 존재일 수는 있다. 그러나 모두가 힘들 때 의지하고 어려움을 털어놓을 수 있는 친구로 당신을 꼽더라도, 당신이 필요로 할 때 그들이 힘이 되어줄 수 없는 경우가 있다.

당신에게 의지하기만 하는 사람은 당신의 고민을 감당할 능력이 없다. 그들은 당신이 언제나 어려움에 대처할 수 있는 강한 사람이길 원한다. 당신이 괴롭고 힘들어하면, 그들의 욕구가 위협받기 때문에 그런 사태가 일어나도록 내버려두지 않는다. 그래서 당신의 걱정을 대수롭지 않게 일축한다.

"넌 무슨 일이든 잘 헤쳐나가잖아."

아니면 오히려 자신의 걱정거리를 털어놓기 시작할 것이다.

"그 정도는 아무것도 아니야. 난 어제 완전 끔찍했다니까. 어떤 일이 있었냐 하면…."

어쩌면 친구들이 당신에게 도움이 되고 싶어 하더라도, 자신이 갖고 있는 문제가 너무 버거워서 그렇게 할 수 없는 경우도 있을 것이다. 열심히 당신의 얘기를 들으려고 하지만 금세 당신이 토로하는 고통에 압도되거나 자신의 고통 쪽으로 향한다. 서로 어려운 처지를 딱하게 여기는 게 잘못된 것은 아니지만, 함께 우울해하고 비참해하는 친구들은 당신을 생각의 늪으로 더 강하게 끌고 갈 수 있다. 그것은 모두에게 좋은 일이 아니다.

지금 당신 옆에 있는 친구들이 당신을 생각의 늪에서 꺼내주기는커녕 오히려 더 밀어 넣는 편이라면, 새 친구를 찾는 것도 생각해봐야 한다. 예전 친구를 버려야 한다는 말이 아니다. 당신이 심리적으로 힘들 때 지지해주고, 문제를 해결할 수 있는 방향으로 도와줄 친구가 필요하다는 뜻이다. 스트레스를 잘 다루는, 롤 모델이 되어줄 수 있는 친구는 생각의 늪으로 빠져들지 않는 삶을 살려는 당신에게 너무나 소중한 존재가 될 것이다.

부정적인 나를
긍정적인 나로

　우리는 자신감이 흔들릴 때 과도한 생각에 빠지는 경향이 있다. 어차피 자신감이 충만할 때는 걱정할 이유가 별로 없다. 자신감이 충만하면 과거에 저지른 실수에 매달려 연연하기보다 그것을 성장의 기회로 보고 앞으로 일어나지 않게 막을 수 있으리라고 믿을 것이다.

　자신에 대해서나 세상에 대해 전혀 희망이 없는 사람들도 생각의 늪에 빠지지 않는다. 자신이 무슨 일을 하더라도 다 실패할 거고, 이 삶이 전혀 가치가 없다고 확신하기 때문에 생각하고 자시고 할 게 별로 없다.

　그런데 직무 성과나 사람들과의 관계나 리더십 같은 측면에서 자신감이 떨어지면 생각하고 또 생각할 것들이 너무나 많다. 과거에 일어났던 일 때문에 속을 끓이고, 실수한 자신을 질책하고, 자신의 생각과 다른 생각을 하는 사람들을 의심한다. 새로 닥칠 도전에 제대로 대응할 수 있을지 몰라 걱정하며 미래를 불안해한다. 자신의 약한 면을 지나치게 생각할 때, 자신에 대해 갈팡질팡하거나 약하거나 어색하거나 비탄에 빠진 이미지를 갖게 된다.

불안해지기 시작할 때 이 이미지가 우리 인식으로 들어와 흘러넘치게 되는데, 이런 이미지는 우리의 불안을 더욱 부추겨, 실패할 가능성이 있는 상황을 피하게 하거나 잠깐 머뭇거리는 순간 우리를 집어삼켜버리기도 한다.

부정적인 경험이 나에게 미치는 영향

부정적인 이미지는 음악가들의 공연을 망쳐버리는 것으로도 악명이 높다. 러시아 출신의 열여덟 살 피아니스트 소냐의 경우를 예로 들어보자. 소냐는 어린 시절 모스크바에서 자랄 때부터 피아니스트가 되는 게 꿈이었다. 뛰어난 재능을 지녔으며 러시아 최고의 선생들에게 교육을 받았다. 열여섯 살 때 소냐의 가족은 미국으로 이주했다. 소냐가 뉴욕에서 훈련받고 피아니스트로서 경력을 쌓을 수 있도록 하기 위해서였다. 열여덟 살 때 그녀는 이미 북미 전역의 주요 콘서트홀에서 연주했다.

하지만 소냐에 대해 실력이 오락가락한다는 평판이 생기기 시작했다. 어떨 때는 성숙하고 차분하게 흠 잡을 데 없이 연주하지만, 또 어떨 때는 수백 번 공연했던 작품을 연주하다가 갑자기 실수를 했다. 그녀는 한 번 실수하면 마음을 다잡고 공연을 다시 시작하기보다, 실수를 연발하며 나머지 공연을 겨우 끝내거나, 아니면 눈물을 흘리며 무대를 뛰쳐나가 그날 밤 돌아오지 않았다.

소녀의 공연 전 불안은 갈수록 너무 심해져서, 그야말로 엄마가 그녀를 무대로 끌고나가야 할 정도였다. 공연 전에 소녀의 머릿속을 점령하는 이미지는 이런 것이었다.

내가 피아노 앞에 앉아 있다. 콘서트홀은 나를 빤히 응시하는 사람들로 가득하다. 그때 갑자기 머리가 멍해지면서 연주하는 방법이 기억나지 않는다. 몸이 부들부들 떨리고 정신이 하나도 없다. 하지만 관객석에 앉아 있는 사람들의 얼굴이 보인다. 그들은 화를 내거나, 가엾어 하거나, 질린다는 표정을 짓고 있다.

보통 때는 콘서트를 시작할 때 음악에 집중함으로써 이 이미지를 지울 수 있었다. 하지만 살짝 실수라도 하면, 그 이미지가 갑자기 다시 나타나 그녀의 생각을 어지럽히고 손을 얼어붙게 했다.

소녀의 콘서트 표가 팔리지 않는 등 위태로운 지경에까지 이르자, 결국 그녀의 매니저가 나섰다. 음악가들의 공연 불안을 극복하게 도와주는 전문치료사를 만나보라고 설득한 것이다.

이 치료사는 첫째, 소녀의 엄마가 소녀의 일에 관여하지 못하게 했다. 그는 소녀의 엄마가 공연이나 성공 면에서 딸에게 지나치게 압력을 가하고 있으며 그것이 소녀의 공연 불안을 부추긴다는 사실을 감지했다. 둘째, 그는 소녀가 자신의 부정적인 이미지를 극복할 수 있도록 도와주었다. 무대에서 실수하고 얼어붙는 소녀의 이미지에 관해 아주 상세하게 파고들었다. 이 작업이 결코 쉽지 않았지만 소녀는 끝까지 포기하지 않았다.

치료사는 소녀에게 부정적인 이미지가 일어날 때마다 그 불안에 대응할 수 있는 긴장 이완 훈련을 하도록 했다. 그 다음에 건반 앞에 앉아 있는 새로운 긍정적인 이미지를 개발하도록 했다. 언제나 모든 게 완벽하게 흘러가는 이미지만 개발하게 한 게 아니었다. 소녀에게는 이미 그런 아름다운 이미지가 있었는데, 지금껏 그것과 부정적인 실패 이미지 사이에서 오락가락했을 뿐이었다. 대신 치료사는 실수한 다음 집중력을 되찾아 성공적으로 다시 시작하는 이미지를 개발하도록 했다.

그들은 간단한 긴장 이완 훈련 방법에 대해서도 상의했다. 실체 콘서트에서 연주하다 실수하는 순간에도, 불안과 흥분을 줄이고 긍정적으로 대처하는 자아상을 불러내 다시 음악에 집중할 수 있도록 마음의 여유를 부여하는 훈련법이었다.

그로부터 몇 개월이 지나자 소녀는 전보다 더 일관성 있는 공연을 할 수 있게 되었다. 실수를 아예 하지 않는 것은 아니었지만, 눈물을 흘리며 무대를 떠나는 일은 생기지 않았다. 더 이상 그녀를 무대로 끌고나갈 필요도 없었다.

나의 부정적인 모습을 받아들이는 연습

이처럼 우리도 과도한 생각을 유발하는 자신의 부정적인 이미지를 긍정적 이미지로 대체할 수 있다. 때때로 이 방법은 치료사가 소냐에게 한 것처럼 간단하다. 부정적인 이미지에 대한 불안을 줄이기 위해 여러 긴장 이완 훈련법을 활용하고, 역경과 실패에 대응하는 긍정적인 이미지를 개발해서 부정적인 이미지를 대체하면 된다.

가끔은 부정적인 이미지를 대체하기 전에 다른 전략들을 활용해야 한다. 과거에 저지른 실수에 대해 자신을 용서할 수 있어야 한다. 그래야 자신의 부정적인 이미지를 놓아줄 수 있다.

예를 들어, 크리스는 술에 취했을 때 아이들이 버릇없이 굴거나 짜증나게 하면 심하게 때리는 등 신체적으로 학대를 했다. 상담을 받은 덕분에 6개월간 술을 끊을 수 있었지만, 자신이 나쁜 엄마라는 부정적인 이미지에서 벗어나지 못했다. 술 취했을 때 아이들을 때린 자신을 용서할 수 없었던 것이다. 자신을 용서하고, 자신의 약점을 극복하기 위해 열심히 노력하는 엄마로서의 이미지를 개발했을 때에야, 그녀는 아이들과의 관계를 다시 쌓아나갈 수 있었다.

또한 새로운 관계와 새로운 관심사를 만들어 삶에서 하나의 역할이나 관계에 의존하는 자신의 이미지를 바꾸는 과정이 필요하다. 자신을 누군가의 아내로만 본다면 그게 당신이 가진 전부이기 때문에, 결혼을 유지하기 위해서 어떻게 할지에만 초점을 맞추게 된다.

이럴 때 다른 개인적 목표와 자긍심의 근원이 생길 수 있도록 기반을 넓혀야 한다. 성공을 추구하는 직업인으로서만 자신을 바라보고 있다면, 삶에 균형 감각과 지지를 제공해줄 수 있는 더 많은 관계가 생길 수 있도록 기반을 넓혀야 한다.

생각의 늪에서 벗어나 더 높은 곳으로 올라가서 이제 눈앞에 있는 문제들을 해결하고 다시 구덩이에 떨어지지 않도록 삶을 개조할 준비가 되었다면, 자신이 지니고 있는 자아상을 열심히 잘 살펴봐야 한다. 부정적인 자아상을 긍정적인 것으로 대체하자. 단점을 고치고 약점을 극복할 방법을 찾아보자. 과거에 저지른 실수를 용서하자. 자긍심의 근원을 다양화하자. 다시 생각의 늪에 빠지지 않도록 긍정적인 자기 이미지를 만들어내자.

7장

"이런 일도 있고,
저런 일도
있다"

———

상황별 생각 끊기 연습

사랑을 구걸한다고
느껴질 때

　사람들을 과도한 생각에 빠지게 만드는 가장 큰 요인 중 하나는 바로 배우자, 파트너, 남자친구나 여자친구와의 관계 등 이성과의 친밀한 관계다. 이런 관계가 자주 걱정거리가 되는 것은 당연하다. 친밀한 관계는 자신을 정의하는 핵심 요소이기 때문이다.

　우리는 그들의 눈을 통해 자신을 본다. 그들의 모습이 우리에게 반영되기도 한다. 그러니 그들이 왜 그렇게 행동하는지, 어떻게 해야 그들을 행복하게 할 수 있을지, 남들이 그 사람을 어떻게 생각할지 걱정하는 것은 충분히 수긍할 만하다.

　만약 이 관계에 대해 생각함으로써 문제를 깨닫고 행동을 수정하게 된다면, 혹은 별 무리 없이 풀리는 관계에 대해 생각하는 것이라면 전혀 문제가 되지 않는다. 그런데 데이트할 때든, 연인 관계를 처음 시작할 때든, 아이를 가지려 할 때든, 너무 많은 생각이 우리 앞길을 가로막는다. 친밀한 관계에 대해 너무 골똘히 생각하는 것은 특히 더 위험하다.

반대되는 사람이 끌린다?

우선, 자신의 기본적인 믿음이나 스스로 어떤 사람인지 잘 모르는 경우에 연인을 선택하는 것이 쉽지 않다. 장기적으로 관계를 맺는 커플은 기본적인 믿음과 관심사를 공유하기 마련이다. 이것은 돈을 어떻게 사용할지 또는 자녀를 어떻게 키울지 같은 중요한 결정을 하는 기반이 된다. 또 서로의 입장과 관심사에 대한 이해와 존중으로 이어져 신뢰, 동료애, 같이 하는 활동들의 중요한 근원이 된다.

가치관이 확립되어 있지 않을 때는 어떤 사람이 좋은 짝이냐에 대해 다른 사람이나 언론이 하는 얘기에 쉽게 흔들릴 수 있다. '난 돈을 많이 벌 자격이 있어. 자랑할 만한 애인을 가질 자격이 있어. 내가 하고 싶은 일을 할 자격이 있어.'라는 식으로 특권 의식에 휩싸여 있으면, 피상적인 기준으로 상대방을 평가하게 될 것이다. 사회적 지위, 수입, 매력, 또는 부모님이 그 사람을 얼마나 좋아하는지와 같은 기준들 말이다.

결국은 사이가 점점 멀어지고 관계에 무슨 문제가 있는지 궁금해지기 시작할 것이다. 내가 상대를 제대로 고른 것인지, 계속 이 관계를 유지할 경우 삶에서 원하는 것을 얻을 수 있을지에 대해 끊임없이 생각하게 될 수도 있다.

연인을 선택하고 난 뒤에도 문제는 이어진다. 정서적인 문제들은 임시방편으로 해결하고 사회적 지위를 강화시키는 데만 집착하다가 관계를 유지하기가 힘들어지는 경우도 있다.

관계가 불안하게 흔들릴 경우 우린 술을 마시거나, 아니면 별거나 이혼을 고려하는 쪽으로 생각한다. 결혼 생활이 정체된 것처럼 느껴질 경우, 정서적·신체적 만족에 대한 열망을 해결하는 방법으로 외도를 선택하기도 한다. 잦은 이별을 겪을 때, 상대방이 바람을 피울 때, 배우자와 끝없이 말다툼을 벌일 때, 우린 관계를 유지할 수 없는 이유에 대해 생각하고 또 생각한다.

연인과 특별히 갈등을 겪지 않을 때라도, 자기 자신에게 몰입하는 우리 문화가 끊임없이 관계의 맥을 짚어보라고 다그친다. 관계의 건강 상태를 점검하고, 변화와 변칙에 대해 생각하고, 관계가 마비되어 있는지 걱정해야 한다고 재촉한다.

잡지에서는 늘 관계를 진단할 수 있는 테스트 방법들을 제시하고, 우리는 보통 그 테스트에서 좋은 성적을 받지 못한다. 모든 면에서 우리가 도달하기 힘든 불가능한 기준이 제시되기 때문이다. 관계를 이해하고 진가를 알아볼 수 있는 가치관이 수립되어 있지 않으면, 생각의 늪에 쉽게 빠져들고 외부 압력에 지나치게 민감해질 수밖에 없다.

상대방에 대한 의존이 생각을 부추긴다

남자들보다는 여자들이 관계에 대해 지나치게 생각할 가능성이 높다. 여자들은 부모와의 관계, 다른 가족과의 관계, 자녀와의 관계를 포함하여 온갖 종류의 관계들에 대해 너무 많이 생각한다. 특히 배우자와의 관계에 걱정의 초점이 맞춰지기 쉬운데, 그 이유는 배우자에게 경제적으로나 심리적으로 의존하는 경향이 있기 때문이다.

요즘 여자들이 수십 년 전보다 경제적으로 훨씬 독립적인 인생을 살아가지만, 그래도 여전히 많은 여자들이 배우자의 수입에 의지하여 자신과 자녀들을 부양한다. 이런 의존성 때문에 여자들이 관계에서 더 많이 참고 견디는 모습을 보인다. 배우자의 냉담한 태도부터 신체적 또는 성적인 학대까지 많은 것을 견디게 되는 것이다.

빠져나갈 구멍도 없이 자신과 자녀를 보호해야 하는 여자들은 배우자가 자신을 불만스러워하거나 그냥 기분이 좋지 않다는 신호를 보이기만 해도 지나치게 민감해진다. 그래서 비위를 맞추기 위해 또는 그의 분노를 가라앉히기 위해 말과 행동을 조심한다.

때로는 '이 사람의 곁을 떠나야 하나'라는 생각도 하지만, 경제적 능력이나 다른 사람들의 지지가 부족하고, 특히 그녀가 떠나려 할 때 그가 어떤 반응을 보일지 두려울 경우, 아마 그 관계에 계속 머물러 있게 될 것이다. 그가 눈앞에 있을 때는 겁을 먹고, 눈앞에 없을 때는 생각에 생각을 거듭하면서 말이다.

심리적으로 의지하는 경우도 있다. 자신이 잘하고 있다는 느낌을 받기 위해서 결혼 생활을 어떻게든 유지하거나 남편의 칭찬이 필요할 수 있다. 자신을 어떻게 규정해야 할지 모르는 여자들도 있을 것이다. 그래서 관계의 모든 측면을 스스로 검열한다.

오늘 아침에 남편이 왜 저렇게 심술이 났을까? 내가 뭘 잘못했나? 그가 결혼 생활에 만족하고 있을까? 그를 더 행복하게 하려면 어떻게 해야 할까?

물론 누구나 가끔은 자신이 맺고 있는 관계를 천천히 살펴봐야 할 필요가 있다. 하지만 혹시라도 무슨 문제가 생기지 않을까 지나치게 경계하고 너무 많이 생각하는 것은 오히려 해롭다.

미리 걱정하는 여자 vs. 이해할 수 없는 남자

플로리다 주립대학의 심리학자 토마스 조이너와 펜실베이니아 대학 제임스 코인은 부부 중 한쪽이 끊임없이 다른 한쪽에게 안심되는 말이나 행동을 원하는 경우에 발생할 수 있는 부정적인 사이클에 대해 설명한다.

아내가 매사에 걱정이 너무 많아서 남편이 항상 자신을 사랑하고 이해하리라는 보장을 받고 싶어 할 때, 남편은 아내를 어떻게든 안심시키려고 하지만 아내는 무슨 말을 들어도 마음이 놓이지 않는다. 그럼 남편은 답답하고 짜증스러워진다.

늘 걱정이 많은 아내는 남편의 반응에 더 불안해지고, 정말 남편이 자신을 사랑하는지 알고 싶어 한다. 남편은 아내가 왜 이러나 싶지만, 그래도 죄책감을 느끼며 사랑을 약속한다. 아내는 남편이 짜증내는 모습을 보고, 어쩌면 그의 죄책감과 불안까지 알아차리고, 남편이 자신을 진심으로 사랑하는 것 같지 않다고 말한다. 남편은 더 짜증이

나고, 아내에게 발끈 화를 내거나 입을 꾹 다물어버린다. 그럼 아내는 훨씬 더 많은 생각을 하게 된다.

심리적 의존이 이런 파괴적인 상호작용으로 이끌어가지 않더라도, 관계에 대해 나쁜 결정을 내리도록 이끌 수 있다. 생각의 늪에 빠지면 안 좋은 문제점들만 도드라져 보이고, 관계를 개선시킬 수 없으리라는 절망적인 심정이 된다. 그럼 얼마든지 풀어나갈 수 있는 관계를 떠나기로 결심할 수도 있다. 자책과 자기 조롱이 섞인 생각이 휘몰아칠 수도 있다.

또한 자신이 사랑받을 가치가 없다거나, 혹은 좋은 관계를 맺어나갈 능력이 없다고 확신하게 된다. 이는 폭음이나 폭식, 자살에 대한 생각 같은 온갖 자기 파괴적인 행동으로 이어질 수도 있다.

예를 들어 셰리는 남편 빌과의 관계에 심리적으로 의존하기 때문에 자주 생각의 늪에 빠진다. 그녀는 이 관계 이외에 자긍심을 느낄 수 있는 요소가 거의 없는 상태다. 그래서 관계에 문제가 생기더라도, 돈이나 남들의 시선 같은 매우 피상적인 이유들 때문에 어떻게든 결혼 생활을 유지해야 한다고 생각한다.

사실 그녀는 자신이 빌에게 뭘 원하는지 잘 알지 못한다. 그저 그가 좀 더 세심하게 마음 써주고 다정하게 대해주길 바랄 뿐이다. 셰리는 결혼 생활에 관한 칼럼과 책을 열심히 읽고, 빌을 기쁘게 하기 위해 칼럼과 책에서 권하는 방식들을 다 활용한다. 하지만 그녀의 필사적인 노력은 빌을 더 멀리 떠나보낼 뿐이고, 그의 태도가 냉담해질수록 점점 더 심각한 생각의 늪에 빠진다.

상황 그대로를 받아들이는 연습

남편이 자신을 사랑하는지, 다른 여자를 만나는 건 아닌지, 남편에게 더 매력적으로 보이려면 어떻게 해야 하는지에 대해 생각하고 또 생각하는 것이 남의 일처럼 느껴지지 않을 것이다. 배우자를 기쁘게 하고 관계를 유지하는 것에 자신의 전부를 거는 여자들은 특히 과도한 생각에 빠질 가능성이 높다.

상대가 행복하지 않다는 작은 신호만 보여도 그들은 미친 듯이 걱정한다.

저 행동이 무슨 의미일까? 그가 지금 어떤 기분일까? 기분을 더 좋게 만들려면 어떻게 해야 할까?

마음 깊은 곳에서는 상대방의 말과 행동 하나하나에 신경을 곤두세우는 자신이 한심하고 억울하게 느껴질 수도 있다. 자신이 하는 모든 일에 대해 인정받지 못한다는 느낌도 그들을 더 깊은 생각의 늪으로 끌어당긴다.

대부분의 여자들이 자신의 느낌을 배우자 혹은 파트너에게 전달하려고 시도한다. 하지만 버클리 소재 캘리포니아 대학의 심리학자 존 고트만과 로버트 레벤슨은 많은 남자들이 이런 얘기에 대해 특정한 전략을 취한다는 사실을 발견했다. 빌이 그랬던 것처럼, 남자들은 여자들이 제기하는 문제에 대해 얘기하길 거부하며 의도적으로 회피한다. 얘기할 게 없다거나 그냥 넘어가자고 한다.

그럼 여자들은 더 걱정될 뿐이고, 어쩔 때는 화를 낸다. 서로의 생각을 솔직하게 드러내야 한다고 주장하며 더 얘기하자고 조른다. 그 목소리에 비난과 호전성이 섞여 있을 수도 있다. 그럼 남자들은 자리를 떠나버리거나 성질을 낸다. 어쩔 때는 폭력까지 행사한다. 이런 식으로 얘기해봤자 생산적인 결과가 나올 리 없고, 이런 패턴에 자주 빠져드는 커플은 그렇지 않은 커플보다 더 쉽게 헤어진다.

배우자가 다른 이성에게 한눈을 팔 때, 상처받은 다른 한쪽은 절대 용서하지 않겠다거나 용서가 불가능하다고 느낄 수 있다. 바람을 피우고도 뉘우치지 않고 외도를 습관처럼 계속하는 배우자들도 있다. 이런 경우, 상처받은 쪽은 가능하다면 그 관계를 떠나야 한다. 만약 양쪽 모두 다시 잘 살아보고 싶어 한다면, 용서라는 과정이 선행되어야 한다. 둘 중 한쪽이 계속 배신감을 안고 살아간다면 심리적 친밀감과 신뢰를 만들기 힘들다.

셰리는 여전히 빌의 외도로부터 생겨난 상처를 극복하지 못했다. 가끔 그 상처가 표면으로 올라와 공포와 분노가 뒤섞인 감정이 대화에 스며들기도 한다. 그녀가 남편의 외도를 용서하고 함께하는 미래에 초점을 맞추지 않는다면, 만족스럽고 성숙한 관계를 맺기 어려울 것이다.

모든 관계가 좋아질 수 있는 것도 아니고 반드시 유지되어야 하는 것도 아니다. 연인과의 문제에 대해 너무 많이 생각해봤자 마음은 갈가리 찢어지고, 외로움은 심해지고, 현명치 못한 결정에 이를 가능성만 커질 뿐이다. 과도한 생각에서 벗어나 더 높은 곳으로 올라서자. 그럼 당신의 관계를 보다 현실적으로 평가하고, 더 분명하게 대화하고, 변화에 대해 합리적인 선택을 할 수 있을 것이다.

가족 관계를
다시 설정하자

　부모와 형제자매는 강한 감정을 불러일으키는 대상이다. 그들은 우리 모습의 일부분이고, 우리와 긴 역사를 함께했다. 그들은 우리 약점을 알고 있으며 우리 역시 그들의 약점을 안다.

　나이가 들어가면서 우린 끊임없이 가족들과의 관계를 재조정하며, 어렵고 새로운 역할도 자주 맡게 된다. 누가 엄마를 병원에 모셔 갈지와 같은 간단한 협상조차 가족들 사이의 오래된 갈등을 들춰내 심각한 폭발로 이어질 수 있다. 이런 갈등이 과도한 생각을 일으키는 근원이 된다.

　가족을 자주 만나지 못하는 이들은 그에 대해 고민한다.

　연로한 부모님을 더 자주 뵈러 가야 하는 게 아닌가? 내가 아이들에게 조부모, 삼촌, 고모, 이모, 사촌을 알아갈 기회를 빼앗는 건 아닐까? 가족이 하나둘 떠나가기 시작할 때 난 어떤 기분이 들까?

물론 이런 깊은 생각이 우리가 긍정적인 선택을 하도록 도와줄 때도 있다. 가족을 만나거나 전화하기 위해 시간과 돈을 좀 더 할애하게 하는 식으로 말이다. 하지만 반대로 또 다른 생각의 늪으로 이어질 수도 있다.

항상 내가 찾아가길 기다리지만 말고 날 먼저 찾아오면 되잖아. 내 동생은 너무 빡빡하게 굴어. 난 절대로 진짜 가족이 되지 못할 거야. 내 가족 중 누구든 정말 나한테 관심 있는 사람이 있을까?

자격과 권리에 집착하는 현대인들은 어린 시절에 생긴 잘못된 것들이 모두 가족의 책임이라고 여기는 경향이 있다. 또한 부모가 부모 노릇을 '완벽'하게 해내지 못하면 그 모든 게 정서적인 학대라고 생각한다. 정말로 어떤 이는 부모에게 학대받으며 자랐고, 그 학대의 결과에서 벗어나는 게 어려울 수 있다. 하지만 대부분의 부모들은 자녀를 적절하게 혹은 잘 키워냈다.

물론 그들이 좀 다르게 행동했으면 좋았을 거라는 부분은 분명히 있다. 애정 표현에 좀 더 솔직했다면, 너무 과보호하지 않았더라면, 자유를 좀 더 허락해주었다면…. 자격과 권리에 대한 집착은 부모의 사소한 '실수'까지 어른이 된 우리가 갖는 갖가지 문제들을 일으킨 원인으로 보게 만든다. 그래서 자신의 단점이 생겨난 그럴 듯한 이유를 떠올리려고 어린 시절로 거슬러 올라가 생각의 늪으로 빠져든다. 부모가 전혀 부모답지 않았거나 자녀를 학대했을 때, 우린 그들이 우리에게 한 잘못을 생각하고 또 생각하며 그들에게 분통을 터트리는 이미지를 만들어내기도 한다.

성숙한 어른으로 성장하려면 자신의 과거와 가족의 잘못을 인정해야 한다. 또한 우리가 물려받은 것들 중 어떤 것을 거부하고 어떤 것을 끌어안을지 결정할 수 있어야 한다. 엄마의 알코올 중독에 전혀 영향을 받지 않았다는 식으로 과거를 부인하면, 당신이 깨닫지 못하는 또 다른 방식으로 과거의 영향력에 휘둘리게 될 것이다. 과거에 고착되어 있으면 과거에 갇혀 새로운 선택을 하지 못한 채 끌려다닐 수밖에 없다.

가족을 바라보는 네 가지 시선

한 살 두 살 나이 들어가면서 가족과의 관계는 진화하고 생각의 초점도 바뀌어간다. 십대 때는 가족이 너무 창피하다거나, 어떻게 해야 가족에게서 도망칠 수 있을지, 혹은 부모나 형제자매가 어떤 문제를 지니고 있는지에 생각이 집중된다.

결혼해서 아이가 생기면 배우자나 자녀, 일, 그리고 부모나 형제자매와의 관계를 어떻게 효율적으로 조직해나가느냐에 생각의 초점이 맞춰진다. 부모님이 연로해지면 그분들의 건강과 돌아가시는 상황에 대해 걱정하기 시작한다. 사람들은 흔히 부모나 형제자매가 오래 전에 저질렀던 잘못들을 답습하는 경향이 있다. 가족이 어떤 식으로 변하길 바라거나, 자신이 부모의 기대에 부응하고 있는지 걱정하기도 한다.

가족으로 인해 생각이 많아질 때 최고의 치료책이 무엇이냐 하는 부분은 주제가 무엇이냐에 따라 달라진다. 이 책 앞부분에서 설명한 전략은 가족에 대한 과도한 생각을 극복하는 데 특히 유용하다.

1. 가족에 대한 감정을 받아들이자

부모와 형제자매와의 관계에서 화가 나거나 짜증스러워지는 일은 흔하게 발생한다. 그들은 다른 누구보다 어떻게 해야 우리 성질을 건드릴 수 있는지 아주 잘 알고 있다. 하지만 일단 사건이 벌어지고 나서는 화내거나 짜증 부린 것에 대해 심한 죄책감을 느끼게 된다. 대부분이 부모와 형제자매를 사랑하지 않으면 안 된다는 믿음을 갖고 있거나 공공연하게 말하고 다니기 때문이다.

생각과 감정을 조절하려면, 가족이 우리를 미치게 할 수 있으며 그게 완벽히 정상적인 반응이라는 점을 인정할 수 있어야 한다.

2. 용서할 줄 알아야 한다

가족이 당신에게 저지른 죄를 무조건 받아들여야 한다는 게 아니다. 그들이 당신에게 극심한 피해를 입혔거나 학대했더라도, 복수하고픈 욕망을 놓아주고 다음 단계로 넘어가는 것도 방법이라는 뜻이다. 당신의 삶을 되찾기 위해서는 이 '놓아주기' 과정이 꼭 필요하다.

3. 때로는 가족에 대한 기대치를 낮춰야 한다

특히 당신이 원하는 식으로 그들이 변하리라는 기대에 너무 매달려서는 안 된다. 예를 들어, 엄마가 다소 딱딱하고 냉정한 사람인데 솔직하게 애정을 표현하는 사람으로 바뀌기를 기대한다면, 엄마가 호들갑스럽게 당신을 맞아주지 않을 때마다 실망스러울 것이고, 엄마가 정말 당신을 사랑하는지 궁금해질 것이다.

당신이 엄마의 기본 성격을 바꿀 수는 없지만, 엄마가 원래 그런 사람으로 태어났다거나 그런 사람으로 키워졌다는 사실을 받아들임으로써 생각의 늪에 빠지지 않을 수 있다. 부모나 형제자매에 대한 자신의 행동을 바꾸면, 오랫동안 유지되었던 개개인의 역할 패턴이 깨지기도 한다. 즉, 당신이 엄마의 애정 표현을 덜 기대하는 식으로 엄마에게 반응하면, 엄마도 긴장을 풀고 자신의 행동을 바꿔나갈 수 있다는 얘기다.

4. 애초에 가지 마라

마지막으로, 우리가 감정을 솔직하게 드러내는 타입인 경우, 가족과의 사이에 항상 갈등을 일으키는 문제들이 있을 것이다. 아버지의 정치적 견해가 그 원인일 수도 있고, 여자에 대한 오빠의 사고방식이 갈등을 유발할 수도 있다. 전업주부로서 아이들을 키우는 대신 직장에 다니겠다는 언니의 결정이 문제를 야기할 수도 있다. 갈등을 피하고 갈등에 대한 생각의 늪에서 벗어날 수 있는 최고의 전략은 '애초에 가지 마라.'다. 갈등이 일어날 만한 부분은 건드리지 말라는 얘기다.

아버지나 오빠나 언니와 대립해봤자 당신의 말이 옳다는 것을 그들에게 납득시키지 못할 것이다. 아무리 가족이라도 그들은 많은 면에서 우리와 매우 다른 식으로 세상을 바라보고 있다. 갈등을 일으키는 문제에 가까이 다가가지 않는 게 과도한 생각을 방지하는 최고의 해결책인 경우가 많다. 그 문제가 우리에게 직접적인 영향을 미치지 않거나, 그들에게 우리와 다르게 생각할 권리가 있는 문제일 때는 특히 그러하다.

나는 나대로,
아이는 아이대로

아이들은 부모에게 큰 기쁨을 주기도 하지만 깊은 좌절을 안기기도 한다. 이런 상반된 감정이 과도한 생각을 자극할 수 있다. 부모는 자녀에게 너무나 많은 것을 쏟아 붓는다. 간혹 자신에 대한 인식과 자부심까지 자녀에 의해 결정되기도 한다. 자녀에게 어려움이 생기면, 자신이 부모로서 능력이 모자라다거나 인간으로서 가치가 덜하다는 식으로 바라보는 경우가 있다.

하지만 부모가 항상 자녀의 행동과 태도를 통제하거나 변화시킬 수 있는 것은 아니다. 가끔 그들이 부모의 기대를 저버리는 일이 생기는 것을 피할 수는 없다. 자녀를 통제하지 못하고 또 자녀의 행동에 따라 부모 자신의 자긍심이 왔다갔다 한다면, 아마 깊고 깊은 생각의 늪에 빠지게 될 것이다.

현대 문화의 몇몇 특징이 자녀에 대해 너무 많이 생각하는 것을 그 럴싸하게 만든다. 삶이 워낙 복잡하기 때문에 어떻게 해야 부모 노릇을 잘하는 것인지 알아내기가 쉽지 않다. 너무나도 다양하고 위험한 대중문화로부터 자녀를 얼마만큼 보호해야 할까? 인터넷, 텔레비전, 나쁜 친구들의 영향력으로부터 아이들을 보호하려면 어떻게 해야 할까? 과잉 보호도 문제가 될까? 어떻게 해야 자녀를 급변하는 이 세상에 적절히 적응시킬 수 있을 것인가?

'금쪽이'는 누가 정하는 걸까?

오늘날 수많은 전문가들이 자녀 양육에 관해 혼란스럽고 모순되며 수시로 변화하는 충고들을 꺼내놓는다. 부모들이 무엇을 하든 그게 잘못이라고 말하는 이들도 있다.

어떤 전문가는 어렸을 때 엄마가 '직접' 아이를 돌봐야 자녀 성장에 가장 좋다고 말하고, 또 다른 전문가는 엄마가 일을 그만두는 것보다 좋은 탁아시설에 맡기는 편이 아이를 위해 더 낫다고 말한다. 어떤 전문가는 반드시 균형 잡힌 식단을 제공해야 자녀의 뇌가 적절히 개발될 수 있다고 하고, 다른 전문가는 아이들이 회복력이 뛰어나기 때문에 음식 걱정을 안 해도 된다고 말한다.

대중매체 역시 아이들에게 혼란스럽고 불건전한 메시지들을 쏟아붓는다. '짜증스럽게 구는 다른 아이를 때리는 건 괜찮다. 멋있어 보이려면 다른 아이들보다 더 많은 장난감을 가져야 한다.' 등 가치관이 확립되지 않은 아이들은 이런 메시지들을 쉽게 빨아들인다. 부모에게 확실한 가치관이 서 있지 않으면 자녀를 어떤 방향으로 인도해야 하는지, 어떻게 해야 좋은 부모가 될 수 있을지 알아차리기 힘들 것이다.

그래서 우린 너무 많이 생각하게 된다.

내가 너무 관대한 걸까, 너무 엄격한 걸까? 내가 정말 아이 말에 귀 기울이고 있나? 내가 아이를 위해 옳은 선택을 한 걸까?'

자신이 현재 자기 모습에 대해 부모를 탓하듯 아이들도 우릴 탓하게 될까 봐 걱정스럽다. 내 친구 하나는 나에게 이렇게 말하곤 한다.

"난 매일 10년 후 내 아들이 상담치료사에게 말하게 될 것 같은 그런 행동을 해."

자녀 양육에 커다란 피해를 입히는 현대사회의 또 다른 측면은 임시방편에 대한 우리의 집착이다. 아이가 학교 적응에 어려움을 겪으면, 이사를 간다. 아이 행동에 문제가 생기면, 진단을 받아 약을 먹인다. 자녀가 약물에 손댈까 봐 걱정되면, 약물에 접할 시간이 없도록 많은 과외활동을 시킨다. 자녀가 우울하거나 적대적인 것 같으면, 비싸고 멋진 뭔가를 사준다. 자녀가 무슨 생각을 하는지 알고 싶으면, 바이올린 레슨을 받으러 가는 차 안에서 물어본다.

너무 바쁘기 때문에, 자녀에 대해 깊이 알고 소통하고 중요한 가치관을 가르치는, 길고 느리고 고된 작업을 끼워 넣을 겨를이 없다. 그래서 우린 임시방편에 의지한다. 그러면서 자녀가 우리가 원하는 대로 자라주지 않으면 끝없이 생각하고 또 생각한다.

대체로 여자들이 자녀에 대해 일차적인 책임을 지고, 편모일 경우에는 유일하게 책임을 지기 때문에, 여자들의 생각 속에서 자녀에 대한 주제를 빠뜨릴 순 없다. 남편과 공동으로 양육을 책임지더라도, 자녀의 행동이나 행복에 대해 더 많은 책임을 지는 쪽은 남자보다 여자 쪽이다.

따라서 자녀에게 어려움이 생기면 많은 여자들이 자신이 뭔가 잘못하고 있는 게 아닌지 불안해한다. 이런 생각이 당신의 행동을 긍정적으로 변화시킬 수도 있지만, 엄마로서 실패했다는 죄책감에 휩싸여 생각의 늪으로 풍덩 빠뜨릴 수도 있다.

아이는 또 다른 내가 아니다

여자들은 자녀와 감정적으로 긴밀하게 얽히는 경향이 있다. 이것이 관계를 풍요롭게 만들고 서로 깊이 공감하게 하는 근원이 된다. 하지만 아이들이 성장하며 느끼는 고통과 슬픔을 함께 느끼며 똑같이 고통과 슬픔에 사로잡히게 될 가능성도 높다.

가끔은 자녀 양육에 관한 남편과의 갈등이 여자들을 자주 생각의 늪으로 빠뜨리곤 한다. 우리 연구진은 자녀가 있는 여자들에게 자녀 양육의 일상적인 부분들을 남편과 분담하는 비율이 얼마나 되냐고 물어보았다. 전혀 분담하지 않고 양육의 모든 것, 혹은 거의 대부분을 자신이 수행한다고 대답한 여자들이 과도한 생각에 빠질 가능성이 더 컸다.

자녀를 먹이고 입히고 목욕시키고 이리저리 데려다주고 필요할 경우 훈육시키는 힘든 일들이 여자들을 과도한 생각으로 이끄는 경우는 그리 많지 않았다. 그보다는 자녀 양육 면에서 남편이 자신과 비슷하게 기여하지 않는다는 불공평에 대한 느낌이 여자들을 생각의 늪으로 빠뜨렸다. 훈육 방식이나 자녀를 어떤 종교로 키울지 같은 자녀 양육의 근본 가치관에 대해 배우자와 갈등이 있을 경우에는 그 정도가 더 심해질 수 있다.

요즘은 여자들이 밖에서 일하는 것에 대해 선택할 자유가 있지만, 그들이 어떤 선택을 했을 때 사회의 비판을 피할 수 없는 상황도 생긴다. 이것이 과도한 생각과 자기 의심을 불러일으킨다. 밖에서 일하면 아이들이 원하거나 필요로 할 때 항상 곁에 있어주지 못한다는 죄책감을 느낀다. 전업주부인 엄마들은 직업을 가진 다른 엄마들만큼 자신의 기여도를 인정받지 못하고 경시당한다는 느낌을 받는다.

하지만 신기하게도 우리가 연구한 결과, 전업주부들도 밖에서 일하는 엄마들만큼이나 과도한 생각에 빠져드는 경향이 있었다. 둘 중 어느 그룹도 생각의 늪에서 자유롭지 못하다는 얘기다. 자녀와 보내는 시간의 양이 만족스럽지 않고 마음이 불편할수록, 또는 일하며 보내는 시간의 양이 만족스럽지 않고 마음이 불편할수록, 생각의 늪에 빠질 가능성은 더 컸다.

부모로서 자녀의 행복을 걱정하는 것은 당연하다. 하지만 이런 걱정들을 심신을 약화시키는 과도한 생각으로 만들 필요는 없다. 이 책에 설명된 전략들을 사용하면 부모로서의 걱정들을 달래고, 자녀와의 탄탄한 관계를 기반으로 삶의 어려운 결정들을 내릴 수 있을 것이다.

생각할 게 너무 많은
직장 생활

일은 우리를 자주 생각에 빠뜨리는 주범이다. 우린 일터에서 상당 시간을 보낸다. 하루에 여덟 시간 이상 일터에서 보내기도 하고, 깨어 있는 시간 대부분을 직업과 관련된 일을 하며 보내기도 한다. 하루 종일 일만 하는 사람들은 동료와의 갈등, 상사의 비난, 작업에 대한 단순한 권태나 좌절이 마음속에 커다랗게 자리 잡을 것이다.

일은 우리에게 많은 의미를 갖기 때문에 과도한 생각을 부추기는 연료가 된다. 우선 직업은 그 사람의 자아상을 결정하는 중요한 요소다. 스스로 생각하는 능력보다 못한 일에 묶여 있으면, 자존심이 상하고 좌절감을 느낄 수 있다. 인생의 중요한 목표들을 만족시키지 못하거나 가치관에 타협해야 하는 일에 매여 있을 경우에는 수치심을 느낄 수 있다. 현실적으로 일터에서 벌어지는 사건들이 우리 생활과 가족의 행복을 위협할 수도 있다. 감봉이나 해고를 당하면 융자금을 갚지 못하거나, 자녀의 대학등록금을 내지 못하거나, 생활의 질이 급격하게 낮아질 수밖에 없는 것이다.

지난 수십 년간 직업의 세계라는 것이 워낙 극적으로 변했기 때문에 과도한 생각을 자극하는 요소가 더 강력해졌다. 예전에는 자신이 맡은 일을 제대로 해내기만 하면 직업의 안정성과 미래에 대한 보장을 어느 정도 기대할 수 있었다.

그런데 요즘은 끝없이 이어지는 기업 합병, 변덕스런 주식 시장, 분기별 결산에 대한 관심, 과학 기술의 급속한 변화가 엄청난 불안정성을 야기하고 있다. 30년을 한 회사에서 착실하게 일한 사람들이 정년을 불과 몇 년 앞두고 일자리를 잃고 있다. 기술이 너무 빠르게 변하기 때문에 훌륭한 교육을 받았어도 5년 만에 쓸모없어질 수 있다. 21세기에 접어들어 우후죽순으로 생겨났던 수많은 벤처기업들의 흥망성쇠는 계급 상층부의 사람들이 몇 주 만에 밑바닥으로 떨어질 수 있는 사례들을 여실히 보여주었다.

만족 기준만 점점 올라간다

사회적으로 만연되어 있는 자격과 권리에 대한 집착은 나도 높은 연봉을 받으면서 빠르게 출세할 수 있는 직업을 갖고 싶다거나, 가져야 한다는 열망을 부추긴다. 좋은 대학에 들어가고 좋은 성적을 받으면 부모 세대가 먹고살기 위해 일했던 것만큼 열심히 일할 필요가 없어야 한다고 생각한다. 차고에서 세계 굴지의 기업을 일궈낸 젊은 대학 중퇴자들의 어마어마한 성공은 '진짜 성공'이 무엇인지에 대한 우리의 기준을 바꿔놓았다.

거의 프로 농구선수가 되는 것만큼 달성하기 힘든 기준이지만, 어떻게든 행운을 잡을 수만 있다면 혹은 도와줄 사람을 잘 만나기만 한다면, 우리도 성공스토리의 주인공이 될 수 있으리라 생각한다. 이런 생각이 현실에 만족하기 어렵게 만든다. 아무리 벌어도 결코 충분한 돈을 버는 것 같지 않고, 우리가 받아야 할 인정을 전혀 못 받고 있는 것 같다.

그래서 임시방편을 찾아 더 만족스럽길 희망하며 직장을 바꾼다. 때로는 운 좋게 다음 직장이 꿈의 직장일 수도 있다. 하지만 이런저런 걱정에 휩싸여 과도한 생각에 사로잡히는 경우가 더 많다.

이는 괴로움의 뿌리 깊은 원인을 제대로 다루지 않았기 때문이다. 자신의 역량이나 대인 관계 기술 부족, 진짜 관심사와 직업 간의 불일치, 직업적으로 명확한 방향성과 목적의 부재 같은 원인들을 다루지 않고 일시적으로 어떻게든 해결해보려고 한다. 그래서 우리는 왠지 또 다른 곳으로 이동해야 할 것 같은 압박감을 느끼고, 자신이 하는 일에 행복하지 못하고, 우리에게 대체 무슨 문제가 있는 건지 생각하고 또 생각하게 될 것이다.

가치관이 확립되어 있지 않으면, 일과 관련해서 뭐가 부족한지 깨닫지 못하거나 자신에게 가장 만족스러운 직업이 어떤 것인지 결정하기 힘들다. 목표가 무엇인지도 모르면서 어떻게 인생 목표를 충족시킬 직업을 찾을 수 있겠는가? 직업 목표가 있는 경우라도 그게 단지 돈을 더 많이 벌고 더 높은 지위로 올라가는 것일 수 있다. 하지만 이런 것들은 의미 있는 삶에 대한 우리의 깊은 욕구를 만족시켜주지 못한다.

여자들이 회사에서 하는 고민

대학교수 재니스는 7년이라는 긴 시간 동안 결혼과 사생활을 희생하며 일류 대학 종신교수가 되는 일에만 초점을 맞췄다. 마침내 이 목표를 달성했을 때, 이상하게도 그녀는 깊은 우울증에 빠졌다.

이제 뭘 하지? 생각했던 것만큼 기분이 좋지가 않아. 내가 좋아하는지 확실하지도 않은 이 일에 붙어 있으려고 평생을 망쳐버렸어.

자신의 것이 아니라 부모님이나 배우자나 인생의 다른 중요한 사람들이 부과한 직업 목표를 달성하려고 분투하는 경우도 있다. 랜디가 그렇다. 랜디는 키가 크고 운동 능력이 뛰어난 열여덟 살 여자다. 어릴 때부터 테니스를 좋아했고 실력이 탁월해서, 몇몇 지역 대회뿐 아니라 전국 대회에서도 한 차례 우승을 거머쥐었다. 그녀는 계속 테니스 쪽으로 경력을 쌓고 싶었고 몇몇 큰 대학에서 테니스 특기생 장학금 제안을 받기도 했다.

그런데 독실한 크리스천이었던 그녀의 부모님은 당신들이 젊었을 때 그랬듯이, 랜디도 교회에서 운영하는 작은 대학에 들어가 선교사가 되길 바랐다. 대놓고 테니스 장학금을 받지 말라거나 일반 대학에 들어가지 말라고 말한 적은 없었다. 하지만 주님이 랜디를 위해 예정하신 길이 테니스가 아닌 선교 일이라고 믿는다는 뜻을 확실히 했다.

랜디는 자신의 꿈이 아닌 부모님의 꿈을 따라 교회 대학에 들어갔다. 대학 테니스 팀에 들어가 테니스에 대한 열망을 충족하고 싶었지만, 다른 학생들과 실력 차이가 워낙 컸기 때문에 자주 답답한 마음이 들었다. 그녀는 선교학교 교사가 되기 위해 성실히 초등교사 자격증을 땄다. 하지만 그녀의 삶에는 포기한 꿈에 대한 아쉬움과 자신이 밟고 있는 길을 좋아하지 않는 것에 대한 죄책감이 가득했다.

직장 생활은 여자들을 생각의 늪으로 이끌어갈 여자들만의 특별한 문젯거리들을 부여하기도 한다. 상사가 당신이 여자라는 이유로 승진을 거부하지는 않겠지만, 남자 동료들의 기여도만큼 당신의 기여도를 알아차리지 못할 가능성이 크다.

또한 과거 직장에서 성차별과 희롱이 공공연했다면 요즘은 좀 더 은밀해졌기 때문에 분간하기 어려울 수도 있다. 당신이 여자라서 상사가 당신의 공을 가로채는 것일까, 아니면 모든 직원에게 그렇게 행동하는 것일까? 상사가 저녁식사를 하며 부서 예산 문제를 상의하자고 당신을 집으로 초대하는 것이 부적절한 행동일까, 아니면 다른 남자 동료들과 '똑같이' 당신을 대하는 것일까? 이런 것들이 당신의 머릿속에 과도한 생각들을 유발하는 소재가 된다.

일터는 기본적으로 사람들이 부딪히는 장소고, 여자들은 대인관계 지향적이다. 그래서 일터에 대해 과도하게 생각한다. 언제든 생각의 늪을 자극하는 갈등과 의견 불일치가 생겨날 수 있다. 존경하거나 신뢰할 수 없는 사람, 혹은 그저 좋아하지 않는 사람과 긴밀하게 작업해야 할 때도 있으며, 그러다 그 사람의 못마땅한 행동에 대해 지나치게 생각하거나 그의 행동 하나하나에 예민하게 반응할 수 있다.

평가받는 것에 대한 두려움

사람은 누구나 어떤 식으로든 매일 평가를 받지만, 일터에서의 평가는 훨씬 더 명확하게 이루어진다. 평가라는 게 원래는 객관적이고 유용해야 하지만, 대부분의 경우 매우 주관적인 평가가 이루어지며 상당히 위협적이기도 하다. 게다가 여자들은 그 평가를 개인적인 실패나 개인적인 공격으로, 혹은 감정적으로 받아들인다.

나는 콜로라도 대학 심리학자 토미-앤 로버츠와 함께 인사고과에 대한 남녀 반응 비교연구를 했다. 그들을 평가한 과제는 현실 생활에서 그리 중요한 게 아니었다. 추상적인 퍼즐을 맞추는 문제였다.

과제를 끝낸 후에 우린 그들에게 무작위로 긍정적이거나("다른 사람들보다 잘하셨어요.") 혹은 부정적인("다른 사람들만큼 잘하지는 못하셨네요.") 평가를 내렸다. 남자들이 그 평가를 어떻게 받아들였을지 짐작할 수 있을 것이다. 그들은 긍정적인 평가를 타당한 것으로 여겼지만, 부정적인 평가에 대해서는 별 근거가 없는 것으로 무시했다. 그래서 평가하는 사람이 무슨 말을 하더라도 그들은 자신과 성과에 대해 기분 좋은 느낌을 유지할 수 있었다.

반대로 여자들은 긍정적인 평가와 부정적인 평가 모두 진지하게 받아들였다. 특히 부정적인 평가를 받은 후에 자긍심이 손상되었고 기분도 우울해졌다. 별것도 아닌 퍼즐 성적에 대한 낯선 이의 평가 때문에 말이다. 그러니 성과에 대한 상사의 평가가 여자들에게 얼마나 강력한 영향을 미칠지 상상할 수 있을 것이다.

일에 대해 너무 많이 생각하는 것이 심각한 결과로 이어질 수도 있다. 대부분의 일에는 문제 해결 과정이 포함되는데, 생각을 너무 많이 하면 오히려 문제 해결에 방해가 된다. 당면한 문제를 더 부정적으로 생각하게 되고, 해결책을 생각해내더라도 자신감이 생기지 않을 것이다. 과도한 생각 때문에 아주 사소한 일마저 완수하지 못하기도 한다.

예를 들어, 커다란 회계 법인에서 일하는 쉰 살 베라는 직원들 몇 명이 떠나고 새로운 직원들이 충원된 뒤 직원용 우편함을 재배치하라는 지시를 받았다. 처음엔 꽤나 간단한 과제인 듯했는데, 우편함을 바라보며 어떻게 정리해야 할지 생각하는 순간, 베라는 달라진 배치에 대한 직원들의 반응이 걱정되기 시작했다.

회사 내 직원 위치에 따라 우편함을 배열하면 계급이 높지 않은 사람들이 불쾌해할 수 있어. 단순하게 알파벳 순으로 배열하면 계급이 높은 직원들이 자신의 위치를 인정해주지 않는다고 느끼면 어쩌지?

베라는 민감한 반응을 보이리라 예상되는 직원들과 대립하는 장면을 상상했고, 전보다 걱정이 더 많아졌다. 베라는 한 시간 넘게 미동도 없이 서서 우편함들을 쳐다보며 걱정만 하고 있었다. 그때 상사가 다가와 소리쳤다.

"이거 아직도 안했어? 뭐 그리 어려운 일이라고 꾸물거려!"

일에 대해 고질적으로 너무 많이 생각하는 것은 작업 성과를 악화시켜 직업의 안정성을 위협한다. 베라가 한두 번이 아니라 여러 번, 지시받은 일을 완수하지 못한 채 서서 바라보기만 하는 장면을 상사에게 들킨다면, 아마 직장을 잃게 될 것이다. 너무 많이 생각하느라 판단력이 흐려지고 자신감이 상실되어 일을 제대로 처리하지 못하거나 결정을 잘 내리지 못할 경우, 당신의 경력은 아마 정지 상태에 머물 것이다.

우리가 몇 년 전에 시행한 설문조사에서 밝혀진 바로는, 고질적으로 생각이 너무 많은 사람들이 그렇지 않은 사람들에 비해 현재 취업 상태를 더 불안해했으며, 원하는 만큼 성공하지 못했다고 생각하고, 대체로 현재 직업에 대한 만족도가 떨어졌다. 앞에서 언급했듯이, 부정적인 감정의 원인을 찾으려 할 때는 우선 '단순하게' 생각해야 한다.

노화는
자연스러운 현상이다

아마 이 책을 읽는 많은 사람들은 건강 문제에 대해 아직 심각하게 생각할 필요가 없을 만큼 젊고 건강할 것이다. 하지만 언젠가는 그런 문제를 피할 수 없다. 건강 문제는 여러 가지 이유로 과도한 생각을 일으키는 강력한 소재다.

우리 삶은 늘 질병에 위협받는다. 질병이 생명을 위협하지 않더라도 장애, 외모 손상, 고통, 직업 상실 또는 마음에 안 드는 시술 등이 생겨날 수 있다. 치료비 낼 돈이 넉넉지 않을 수도 있다.

우리에게 무슨 문제가 있는지 알아내기 힘들 때도 있다. 의사들이 환자에게 제대로 설명해주지 않는 경우도 있고, 여러 의사에게 다른 진단을 받게 되는 경우도 있을 것이다. 자신의 건강 문제에 대해 만족스럽지 않거나 마음 편치 않은 결정을 내려야 할 때도 있으며, 의사가 옳은 선택을 하는 것인지 궁금해질 수도 있다. 의료계 종사하는 사람들 중 피곤에 지쳐 무례하게 구는 이들도 많다.

마지막으로, 삶의 다른 문제들과 달리 질병은 우리가 행동을 바꾼다고 해서 완전히 '고칠' 수 있는 것이 아니다. 삶에 미치는 질병의 여파를 줄일 수는 있지만, 최상의 치료로도 그것을 완벽하게 극복할 수는 없다.

긍정적인 생각은 병도 낫게 한다

LA 소재 캘리포니아 대학의 셸리 테일러 같은 심리학자들은 낙관주의가 기분을 더 밝게 해줄 뿐 아니라 암과 더 잘 싸울 수 있게 만드는 좋은 효능이 있다고 확언했다. 테일러와 다른 다수의 심리학자들이 실행한 연구에서, 희망과 낙관주의가 암을 포함한 여러 질병에 저항하는 강한 치료제라는 것을 발견했다.

예를 들면, 낙관적으로 생각하는 사람들의 면역 체계가 비관적으로 생각하는 사람들보다 더 잘 기능한다. 암이라는 것이 면역 체계에 이상이 생겨서 걸리는 병이므로, 낙관적인 사람들의 몸이 암과 더 잘 싸울 수 있다는 것이다.

심장 우회수술을 받은 후에 혹은 에이즈의 원인이 되는 HIV 바이러스와 싸울 때도 낙관적인 사람들이 비관적인 사람들보다 더 잘 견디는 것으로 나타났다. 간단히 말해서, 생명을 위협하는 질병에 걸렸더라도 낙관주의를 유지하는 사람이 숙명론적이고 비관적인 사람보다 더 빨리 회복하고 더 오래 산다.

우리는 젊었을 때의 건강을 당연한 것으로 받아들인다. 그러다 큰 병에 걸리면 자신에게 그런 일이 일어났다는 사실에 깜짝 놀란다. 나이 들어서 병이 생기더라도, 여전히 그건 놀랍게 다가온다. 자신을 계속 이십 대나 삼십 대로 생각하기 때문이다.

나한테 왜 이런 일이 일어났을까? 내가 뭘 잘못했지? 의사 진단이 정확한 건가? 오진이 아니라고 어떻게 확신할 수 있어? 여러 대체 요법이 있는데 이걸 어떻게 결정해야 할까?

이렇듯 큰 병에 걸렸을 때 생각을 지나치게 많이 하는 것은 매우 자연스러운 일이다. 고질적인 통증이나 불편함이 있다면, 자신 이외의 다른 것들에 대해 생각하는 게 훨씬 힘들 것이다.

하지만 위기 때 과도하게 생각하는 게 자연스런 반응이더라도, 우리에게 해가 될 수 있다. 치료에 대해 올바른 결정을 내리지 못할 수도 있고, 기분이 밑바닥으로 떨어져서 심각한 우울증이나 불안까지 다뤄야 할 수도 있다. 우리 몸의 자가 치료 능력을 손상시킬 수도 있다.

그러니 과도한 생각에서 벗어나 질병과 의료진을 가능한 효율적으로 관리할 수 있는 지점으로 이동해야 한다. 과도한 생각에서 벗어나 그 경험으로부터 배울 수 있는 것을 배우고, 해로운 생각을 물리칠 수 있는 자신만의 전략을 개발해야 할 것이다.

이별은
언젠간 찾아온다

머리로는 언젠가 가까운 누군가, 즉 부모, 형제자매, 배우자, 친한 친구, 자녀의 죽음을 경험하게 되리라는 것을 안다. 하지만 대부분의 사람들은 그것에 대해 별로 생각하지 않는다. 전에 중요한 사람을 잃은 경험이 없는 사람들의 경우 특히 더하다. 성폭행이나 화재로 집이 불타거나 자동차 사고로 불구가 되는 것 같은 엄청난 트라우마의 희생양이 될 가능성에 대해서는 더더욱 생각하지 않는다.

사랑하는 사람을 잃는 상상을 하거나 힘든 충격을 겪으면 마음이 너무나 아프다. 그래서 우린 그런 생각을 되도록 피하려고 한다. 그런 끔찍한 일이 벌어질 수 있다는 가능성 자체를 부인하려고 한다.

캘리포니아 대학 셸리 테일러와 워싱턴 대학의 조나손 브라운이 수백 가지 연구를 확인했는데, 대부분의 사람들이 나쁜 일은 자기가 아닌 다른 누군가에게 일어날 거라고 믿으려는 경향이 있다. 자신은 남들보다 중병에 걸릴 가능성이 적고, 결혼생활이나 직장생활에서 실패할 가능성이 적고, 혹은 도박에서 돈을 잃게 될 가능성이 적다고 생각하는 것이다.

그러다 느닷없이 비극이 닥치면 우리 삶이 잘 통제되고 있다는 근본적인 믿음이 깨져버린다. 무력감과 절망에 빠져 꼼짝도 하지 못한다. 더 심하게는, '난 착한 사람'이라는 기존의 자아상이 부서지기도 한다. '세상은 공정하다.'라는 우리 믿음이 잘못된 것 같고, 착한 사람은 복을 받고 나쁜 사람은 벌을 받는다는 믿음에 금이 가버린다.

몇 년째 지속되는 트라우마

사랑하는 사람을 잃거나 충격적인 사건의 희생양이 되었을 때, 삶의 의미, 종교적·철학적인 믿음, 삶을 살아가는 방식에 대해 맹렬히 생각들하게 되는 것은 놀라울 게 없다.

어느 정도까지는 그런 생각을 하는 게 매우 당연하고 건강에 해가 되지 않는다. 가치관과 믿음을 더 명확하게 만들 수도 있고, 삶의 우선순위를 다시 정하게 할 수도 있다. 하루하루 새로운 날이 찾아오는 것에 대해 깊이 감사할 수도 있다.

하지만 사랑하는 이를 잃은 상실감과 충격적인 사건으로 인한 트라우마가 몇 개월, 심지어 몇 년까지 이어지는 과도한 생각을 자극하는 경우도 있다. 어떤 이들은 자신에게 찾아온 비극으로 인해 생겨난 심오한 질문들에 전혀 답을 찾지 못한다. 피해의식과 무력감에 사로잡혀 삶을 다시 일으켜 세우지 못하는 이들도 있다. 또 다른 이들은 머릿속에 들끓는 과도한 생각을 밀어내고 감정을 마비시키려고 알코올이나 약물에 의지하기도 한다.

요즘 사람들은 아마 이전 세대보다 상실이나 트라우마에 당면했을 때 생각의 늪으로 빠져들 가능성이 더 클 것이다. 수십 년 전 사람들이 상실이나 트라우마를 겪을 때는 그 시련에 대처할 수 있도록 위로와 격려를 아끼지 않는 강력한 자원이 두 가지 있었다.

첫째, 그들에게는 사랑하는 가족과 친구들이 있었다. 어떤 식으로든, 경제적으로나 현실적으로나 정서적으로 그들은 곁에서 힘이 되어주었다. 가족과 친구들도 자기 나름의 상실과 트라우마를 겪었기 때문에, 경험에서 우러나오는 공감과 위로를 전할 수 있었다. 둘째, 우리 조상들은 종교적인 믿음을 품고 있었기 때문에 자신에게 생기는 일을 이해하고 받아들일 수 있었다. 죽음, 장애, 상실 같은 경험은 감수하며 살아가야 할 자연스런 순리의 일부분이었다.

오늘날 우리가 상실이나 트라우마에 직면할 때는 이런 자원이 없는 경우가 많다. 가족과 멀리 떨어져 살고 주위에 있는 사람들은 얄팍하게 관계를 맺는 정도의 지인들이다. 그들이 상실과 트라우마를 겪는 우리에게 힘을 복돋아줄 수는 있지만, 내가 지금 무엇을 필요로 하는지는 알기 어려울 것이다.

모두가 나름대로 다 바쁘다. 그래서 장례식이 끝나자마자, 혹은 병원에서 당신이 퇴원하자마자, 혹은 적절한 위로의 말을 건네자마자, 바쁜 일상으로 돌아가고 당신도 그들이 그렇게 하리라 예상한다.

유가족을 대상으로 한 연구에서 우린 사랑하는 사람을 잃었다는 사실 때문이 아니라 그 상실에 대해 타인들이 너무나 무신경한 반응을 보인다는 사실 때문에 격분하며 과도한 생각에 사로잡히는 경우가 많다는 것을 알게 되었다.

50세 주부 마조리는 어머니가 1년간 폐암으로 투병하다 돌아가셨는데, 내게 이렇게 얘기했다.

처음 사람들에게 어머니가 암에 걸렸다는 사실을 얘기했을 때, 매우 걱정스러워했죠. 하지만 그 후로는 가게에서 마주치더라도, 대부분은 내 어머니가 죽어 가고 있다는 사실을 까맣게 잊고 있었죠. 물론 어머니가 돌아가셨을 때 많은 사람들이 장례식에 찾아왔어요. 하지만 그것으로 다 끝난 거라고 생각하나 봐요. 어머니가 돌아가셨으니까 나의 시련도 끝났다고 생각하는 것 같았어요.

반드시 다시 일어날 수 있다

요즘은 종교적으로 혹은 영적으로 깊이 있는 사람들이 많지 않다. 가끔 도움을 청하려고 기도하긴 하지만, 상실과 트라우마가 일으키는 근본적인 질문에 답을 해줄 수 있을 만큼 더 높은 존재와 단단한 관계를 맺은 사람들은 별로 없는 것 같다.

그래서 우린 과도한 생각과 수많은 질문들에 휩싸인다. 우릴 버리거나 우리에게 큰 충격을 안긴 이들에게 분노하며 생각하고 또 생각한다. 자신의 고립과 공허함에 집중한다. '다시 일어나지' 못할까 봐 걱정한다. 그런 일이 왜 우리에게 일어났는지 알 수 없어 한다.

개인적인 비극이나 상실을 받아들이려면 당연히 시간이 걸린다. 삶을 재정리하면서 마음속에 일어나는 질문들에 대한 대답도 찾아야 한다.

하지만 우리 사회는 슬픔이나 트라우마를 받아들이려고 노력하는 과정에 대한 인내심이 없고 그럴 시간도 없다. 일정 시간 안에(보통은 몇 주일 안에) 그것을 극복하지 못하면 사람들은 노골적으로 혹은 암묵적으로 그냥 받아들이라고 말한다. 또는 도움을 받아보라고 한다.

도움을 받으러 가면 보통은 약이 딸려온다. 조그만 약이 빠르고 효과적으로 치료해줄 수 있으리라 믿어 의심치 않는다. 어쩌면 우리에게 정말로 필요한 것은 영적·철학적·심리적 여정이지만, 그것은 빠르게 굴러가는 우리 삶에 너무나 골치 아프고 비효율적인 과정이다. 설사 이 여정을 거치더라도, 가치관이 확립되어 있지 않을 경우 상실과 트라우마가 일으키는 문제들을 생각하고 또 생각하는 것 이외에 남는 것은 아무것도 없다.

하지만 유가족을 대상으로 한 연구에서, 상실을 성장의 경험으로 바꾼 사람들이 상당히 많다는 것을 알아냈다. 정확하게 말하자면 유가족 중 70~80퍼센트가 사랑하는 이를 잃은 경험으로부터 긍정적인 무언가를 찾았다고 말했다.

큰돈을 유산으로 물려받았다거나 하는 걸 말하는 게 아니다. 그들은 보다 더 성숙해졌으며 인격적으로 성장했다고 말했다. 몰랐던 자신의 강인함을 깨닫고, 인생에 대해 새로운 관점을 얻었고, 삶의 우선순위를 다시 정했고, 다른 사람들과의 관계가 더 깊어졌다고 한다.

연인을 암으로 잃은 알리샤도 이런 사람 중 한 명이다. 알리샤는 사랑하는 남자가 암 치료를 견디며 쇠약해지는 수개월 동안 그를 간호했다. 그 일을 바라보는 그녀의 관점은 결코 부정적인 것이 아니었다.

다른 사람들이 이런 경험을 하는 건 바라지 않지만, 내가 이런 경험을 할 수 있었다는 게 어쩌면 행운 같아요. 나 자신과 사랑에 대해 많은 것을 배울 수 있었으니까요. 난 아주 많이 성장했어요. 다시는 이 삶을 당연하게 받아들이지 않을 거예요. 진심으로 감사할 거예요.

이와 비슷하게, 폭행을 당하거나 충격적인 사건을 겪거나 자연재해로 모든 것을 잃어버리는 등 개인적인 트라우마를 겪은 사람들 중 많은 이들도 결국에는 그 경험 때문에 더 나은 사람이 됐고 삶에 더 감사하다고 말했다.

여기서 기억해야 할 메시지는 '그 경험을 이겨내는 게' 아니라, 자신이 겪는 경험을 인정하고 상실이나 트라우마가 일으킨 문제들을 잘 헤쳐나가야 한다는 것이다.

절대 내 잘못이 아니다

세상에는 결코 이해할 수 없을 것 같은 일들이 일어난다. 사람으로 인해 생겨난 트라우마나 재앙이 특히 그렇다. 성폭행을 당하거나, 사랑하는 사람이 살해되거나, 테러 공격의 희생양이 되는 그런 일들 말이다. 이런 종류의 트라우마는 과도한 생각을 불러일으키는 강력한 연료다. 그것이 타인에 대한 우리의 기본 믿음을 부수고, 인간의 선함에 대해 의문을 불러일으키기 때문이다.

예를 들어, 성폭행당한 많은 여자들은 고질적으로 과도한 생각에 빠져 허우적댄다. 폭행 당시의 상세한 상황뿐 아니라 그 사건이 일으킨 더 커다란 질문들에 대해 생각하고 또 생각한다.

이런 일이 나에게 왜 일어났을까? 내가 뭘 잘못했기에 이런 일이 일어났을까? 그 사람이 어떻게 나한테 그런 짓을 할 수 있을까?

학대를 가한 사람이 가족이나 친한 친구일 때는, 어떻게 이런 일이 일어날 수 있는지에 대해 더 많은 의문이 들고, 어떻게 해야 다시 그런 일을 방지할 수 있을지 노심초사한다. 이런 질문과 걱정은 좀처럼 떨쳐버릴 수 없고, 마음대로 신경을 꺼버릴 수도 없다. 하지만 생각하면 할수록 기분은 더 나빠지고 자긍심은 바닥으로 추락할 뿐이다.

성폭행을 당한 여자들은 우울증, 외상 후 스트레스 장애라 불리는 불안장애, 약물 남용의 가능성이 높다. 너무 많은 생각이 자신을 꼼짝 못하게 묶어버릴 수도 있다.

그렇다면 이런 상황을 어떻게 다뤄야 할까? 아마 많은 여자들이 이 문제를 혼자 다루기는 힘들 것이다. 끔찍한 기억과 두려움이 그들을 압도하고, 안전에 대한 걱정들이 너무나 현실적이기 때문이다. 그럴 경우에는 전문적인 도움을 받아야 할 수도 있다.

하지만 생각의 늪에 깊이 빠져 있을 때는 이조차도 어렵다. 성적인 학대를 당했을 경우 과도한 생각에서 벗어나 인생을 되찾기 위해서 아래 제시한 전략들을 활용해보자. 각각의 상황에 따라 좀 더 이해가 가는 부분도 있고 그렇지 않은 부분도 있을 것이다. 아래 내용을 바탕으로 자기 나름의 아이디어를 생각해볼 수 있다.

1. 생각을 많이 한다고 해서 통찰력이 생기지 않는다

성폭행 경험에 대한 생각이 머리에서 떠나지 않는다면, 생각을 많이 한다고 해서 새로운 통찰력이 생기는 게 아니며, 오히려 대처 방안을 생각하지 못하도록 마음을 흐린다는 것을 명심하자. 생각의 늪에 빠져 인생을 마비시킨다면 당신에게 못할 짓을 한 그자에게 승리를 내주는 꼴이다. 왜 이런 일이 일어났는지에 대한 질문으로부터 한 발짝 물러나보자. 답이 찾아지지 않을 수도 있고, 그걸 찾게 되더라도 찾는 데 오래 걸릴 수 있다는 사실을 알아야 한다.

2. 반드시 다시 행복하다고 느낄 수 있다

학대에서 살아남은 이들은 자신이 다시 행복한 감정 따윈 느끼지 못할 것이라고 생각한다. 그래서 움츠러들거나 다른 사람들로부터 자신을 고립시킨다. 마음을 달래고 위로가 될 수 있는 일을 찾는 게 중요하다. 마음의 평정을 되찾고 기분을 복돋아 줄 수 있는 일을 찾아야 한다. 야외에서 좀 더 많은 시간을 보내고, 예전에 하던 취미 생활을 다시 시작하거나, 친한 친구들에게 좀 더 기대도 된다.

3. 분노와 두려움, 자책과 걱정을 적자

종이에 혹은 컴퓨터에 생각나는 대로 적어보자. 녹음기에 대고 말할 수도 있다. 생각이 떠오르는 대로 뭐든지 다 쏟아내자. 전문가의 도움을 받는 경우 그 녹음이나 기록을 가져간다면 당신의 마음을 가장 어지럽히는 생각이 무언지 더 잘 이해시킬 수 있을 것이다.

4. 고통받는 자신을 탓하지 마라

과거에 폭행당한 적이 있다면 그 경험으로 인해 오랫동안 고통을 느낄 것이다. 이 고통이 정상적인 반응임을 받아들여라. '왜 이걸 극복할 수 없을까?'라는 생각이 든다면, '이게 아주 회복하기 힘든 충격적인 사건이기 때문이야.'라고 대답하자. 정상적인 삶을 되찾기 위해 경험을 극복할 필요는 없다. 사실, 경험의 정서적인 결과들이 평생 따라다닐 수도 있다. 하지만 이 감정들이 당신을 지배하거나 꼼짝 못 하게 하도록 허용해서는 안 된다.

5. 누군가 구출해주기를 바라지 마라

당신을 학대하는 사람과 여전히 얽혀 있다면, 다른 누군가가 구출해주길 기다리지 마라. 백마 탄 기사가 나타나거나 상대방이 갑자기 기존의 방식을 바꾸지는 않을 것이다. 이 관계에서 떠나겠다는 선택은 오로지 당신만이 할 수 있다. 특히 당신과 자녀의 안전이 걱정스럽다면 여자들을 위한 쉼터나, 지역 병원 응급 정신 질환 서비스나, 자살 예방 상담소 등으로 연락해 전문가들의 도움을 받아라.

6. 나를 보호하는 것이 우선이다

과거에 당신을 폭행했던 가해자에게 사과를 받겠다거나, 현재 당신을 학대하는 사람이 갑자기 바뀌어 학대를 그만둘 거라는 등의 터무니없는 목표를 갖고 있다면, 얼른 그 목표를 놓아버려라. 당신이 지금 해야 할 일은 더 이상 학대당하지 않도록 자신을 보호하고 인생을 새롭게 세워나가는 것이다.

7. 내 목소리를 들어라

당신의 과도한 생각 속에 다른 이의 목소리가 섞여 있을 때 그것을 깨닫고, 해가 되는 목소리를 거부할 줄 알아야 한다. 특히 당신이 잘못해서 학대당한 거라는 가해자의 주장 따위는 단호하게 거부할 수 있어야 한다.

8. 결국 이겨낼 수 있다

전문치료사, 친구, 성직자, 같은 경험을 공유하는 이들의 모임, 그외에 다른 누구든 당신을 도울 수 있는 사람을 찾아 같이 노력해보자. 꾸준히 노력한다면 결국은 희생양이 아닌, 역경에서 살아남은 생존자로서 새로운 자신의 이미지를 만들 수 있을 것이다.

우리가
더 행복해지는 세상을 꿈꾸며

이 책에 제시된 전략들은 당신이 과도한 생각에 사로잡히지 않도록 도와주기 위한 것이다. 수많은 불안과 고민의 근원들을 법으로 제정해서 없앨 수는 없지만, 개인적으로, 집단적으로 그 영향력을 줄여나갈 수는 있다.

어른들에게 배울 점을 찾아보자

윗세대가 우리보다 생각의 늪에 빠지는 경향이 덜하다면, 분명 그들에게 배울 게 있다는 뜻이다. 그들은 수많은 위기를 거치며 지혜를 터득했다. 그 지혜를 바탕으로 우리가 초조해하는 질문들에 대답해줄 수 있을 것이다. 그들이 과도한 생각에 빠져들지 않는다는 것은, 역경에 대처하고 장애물을 넘어서며 관계를 수립하는 방법, 그리고 상실을 다루는 방법에 대해 알고 있다는 뜻이다. 그들의 대응 방식을 배우면 대처 능력 면에서 부족한 부분과 새로운 대응 전략 아이디어를 찾을 수 있을 것이다.

하지만 요즘의 문화는 나이 든 어른을 공경하기보다 젊음을 숭배한다. 그들이 가르쳐줄 수 있는 교훈을 무시할 뿐 아니라, 젊고 미성숙하고 현명하지 못한 사람들을 본받으려 한다. 또한 젊음에 대한 숭배는 외모와 육체적 매력에 대해 거의 도달하기 불가능할 정도의 기준을 만든다. 그로 인해 늘 자신이 얼마나 나이 들어 보이는지, 얼마나 약한지 생각하고 노화와 함께 필연적으로 찾아오는 건강 문제에 대해 고민한다.

하지만 하루하루 의식적인 선택으로 이 상황을 뒤집을 수 있다. 다시 스무 살로 돌아가기 위해 자신을 고문하기보다, 나이에 맞는 건강을 추구하라. 또한 부모와 웃어른들에게 관심을 갖고, 그들의 가르침에 귀 기울여보자. 물론 가끔은 그들의 지혜를 알아차리기 힘들 때가 있다. 그들의 무능함이나 약해진 모습밖에 보이지 않을 수도 있다. 그런 모습을 보는 게 견딜 수 없어서 피해버리거나 혹은 그들의 문제를 고치려고 하는 경우도 있을 것이다.

그러다 우리는 그들의 삶의 풍성하고 매혹적인 면들을 보지 못하고, 그들이 우리에게 말하고 싶어 하는 것들을 놓쳐버린다. 부모님이나 주위 어른들에게 충분히 귀를 기울인다면 용기와 끈기, 원칙에 입각한 삶, 사랑과 상실에 대해서 유익한 교훈을 배울 수 있을 것이다.

물론 나이가 많다고 해서 모두가 현명한 것은 아니다. 생각의 늪에서 허우적대는 사람도 있고, 삶에 대해 비틀어진 관점을 지닌 사람도 있다. 하지만 주위에 분명 현명한 어른들이 있을 것이다. 위인전에서, 역사적인 저술에서, 혹은 개인적인 이야기들을 통해 현명한 사람들을 만날 수도 있다.

내 기준을 세우는 것의 중요성

가치관이 수립되지 않은 사람들은 자신을 더 온전하게 만들어줄 원칙, 이념, 요령 같은 것들을 찾아 헤맨다. 대중매체, 인터넷, 언론, 정치인, 친구, 가족, 직장동료, 이런 갖가지 근원들이 우리에게 끊임없이 정보를 쏟아붓는데, 가치관이 확실치 않은 이들은 그 폭격을 고스란히 다 받아들인다. 이런 상황 속에서 우리 마음속 깊이 자리한 조용하고 차분한 목소리를 듣기란 쉬운 일이 아니다.

그렇다면 어떻게 해야 그 메세지의 볼륨을 줄일 수 있을까? 조용히 혼자 보내는 시간을 좀 더 만들어야 한다. 하지만 하루에 열 시간이나 열두 시간씩 일하고, 집안일과 사회생활을 병행하고, 자기 분야에 뒤처지지 않기 위해 교육받고 기술을 배우고 훈련받는 등의 일을 하는 우리가 혼자 있는 여유 시간을 내는 것은 결코 쉽지 않다.

우리 사회는 또 여러 가지 일을 동시에 하는 멀티태스킹을 요구하기 때문에, 러닝머신을 뛰면서 신문을 읽고, 차를 타고 가며 이메일에 답장하고, 저녁을 준비하며 아이들 숙제를 도와준다. 그래서 조용히 혼자 있으려 할 때조차 또 다른 활동으로 그 공간을 채워야 할 것 같은 유혹을 느낀다. 그래야 훨씬 생산적으로 움직이는 것 같다.

자신의 목소리에 귀 기울일 시간을 만들고 그 시간에 정신을 집중하기 위해서는 노력이 필요하다. 요즘은 조용해지는 능력을 잃어버린 사람들이 상당히 많기 때문에, 그 능력을 되찾으려면 연습과 훈련이 필요하다. 대부분의 사람들은 조용히 명상하거나 기도하거나, 또는 그저 귀 기울이는 훈련만 규칙적으로 하더라도 상당히 유익하다는 것을 알게 된다. 더 평화롭고 차분해진 느낌이 든다. 물론 조용히 혼자 앉아 있을 때 생각의 늪으로 풍덩 빠져버리는 사람들도 있다. 그럴 경우에는 이 책에 제시된 전략들을 활용해보자.

가족과 함께하는 시간도 좀 더 만들어야 한다. 요즘 부모들은 이런 저런 활동에 참여하느라 아이들과 주말을 함께 보내거나 집에서 함께 저녁식사를 하는 것조차 어려워한다. 그런데 아이들의 정서를 가장 잘 개발할 수 있는 시간은 저녁을 먹으면서 혹은 다른 가족모임을 하면서 정기적으로 가족과 함께 보내는 조용한 시간이다. 서로 교감할 수 있는 시간과 공간을 마련해야 한다. 부모는 자녀의 얘기에 진심으로 귀 기울이며 그들 삶에 일어나는 일을 이해하기 위한 시간이 필요하다. 아이들은 자신이 화목한 가정의 일부분임을 느끼고 부모와 대화하기 위해 시간이 필요하다.

개인적으로 자신의 가치관을 찾아 정제하는 조용한 시간을 갖지 않는다면, 사회적으로도 자신의 가치관을 대변하는 지도자들을 제대로 선택할 수 없다고 생각한다. 그럼 결국 다른 사람들이 우리 대신 선택하게 하거나 선거광고가 제일 마음에 드는 후보를 고르는 것으로 끝날 것이다. 우리 자신에게나 현재와 미래 세대에게나, 시민으로서 이런 가치관이 반영된 선택을 할 책임이 있다. 그러려면 시간이 걸리고, 외부 소음을 줄이는 시간이 필요하다.

결국 더불어 살아간다

자신의 안에 있는 가치관을 찾는 것도 중요하지만, 자기중심적인 요즘 세대로 볼 때 밖으로 나가 다른 사람들의 관점을 이해하는 데도 더 많은 시간을 들여야 한다. 우리보다 불우한 이들에게 관심을 기울이는 것은 특히 이 과정에서 도움이 된다. 몸무게, 상사의 짜증, 자신이 했던 멍청한 말 같은 것을 고민하다가 어려운 이들의 궁핍함과 힘겨운 처지를 느끼면 자신의 고민이 얼마나 하잘 것 없는지 알게 된다.

삶에 중요한 목적이 무엇인지에 대해서도 생각할 수 있다. 사회복지협회, 환경단체, 정치활동단체 등 우리 사회의 근본적인 부분에 헌신하는 모임들 중 당신이 관심을 갖고 있는 모임에 가입한다면 하루하루 평범한 사건들을 지나 그 너머를 바라볼 수 있을 것이다. 쓸데없이 기분만 우울해지는 '누가 무슨 말을 했고 내가 무슨 말을 했는지' 같은 생각에 집착하는 게 아니라 말이다.

우리의 외골수적인 성향과 자격에 대한 집착은 비슷한 성향을 지닌 친구들에 의해 강화되기도 한다. 자기 자신에게 있는 문제를 부인하고 당신의 걱정을 모른 체하는 친구들을 사귀고 싶지는 않을 것이다. 매사에 비판적이고, 늘 불안하고 불평하며 당신을 생각의 늪으로 잡아끄는 친구들도 필요치 않다. 인생을 버거운 짐이 아닌 도전으로 여기는, 당신의 에너지를 고갈시키기보다 당신의 장점을 떠올려주는 새로운 친구들을 찾아야 한다.

그런 친구들을 어디에서 찾을까? 때로는 자신이 긍정적인 기운을 발산하는 것만으로도 친구들에게 긍정을 끌어내고, 긍정적인 친구들을 찾는 새로운 사람들을 끌어들일 수 있다.

예를 들어, 법률사무소에 다니는 로잔나는 일주일에 한 번 갖는 직원 회의에서 평소에 하던 모든 불평불만을 건설적인 제안으로 바꾸겠다고 선언했다. 처음 로잔나가 잘못된 점을 지적하기보다 문제에 대한 해결책을 제시하는 것으로 그들의 불만에 반응했을 때 동료들은 깜짝 놀랐다. 하지만 2주일이 지났을 때쯤, 직원회의는 고질적으로 부정적이던 분위기에서 긍정적인 변화의 분위기로 바뀌었다.

로잔나처럼 부정적인 태도에서 긍정적이고 건설적인 태도로 이동할 수 있다면, 이 변화가 사회 전반으로 얼마나 강하게 전파될 수 있을지 생각해보자. 긍정적인 감정은 우리의 시야를 넓혀 더 독창적으로 만든다. 긍정적인 감정이 강해지면 개인적으로도 사회적으로도 훨씬 효율적으로 변화될 것이다.

나는 다 가져야 한다는 착각

자신이 원하는 무엇이든 가질 자격이 있고 다른 사람들에게 승리를 넘겨줘서는 안 된다고 주장하는 이 사회의 해로운 가치관은 생각의 늪을 자극하는 주요 근원이다. 자격에 집착하는 가치관을 거부하고 싶다면 다음과 같이 해보자. 갈등하는 사람들의 어리석은 대립을 미화하고 상대를 비난하는 텔레비전 프로그램들을 끄자. 또 그런 가치관과 상반되는 태도를 선택해 그 선택을 존중하며 살아보자. 자신이 무엇을 가질 자격이 있는지에 집중하는 대신, 모두의 이익을 위해 어떻게 상황을 해결할 수 있을지에 초점을 맞출 수도 있다. 이 방식은 분명 일에도 적용될 수 있는데, 많은 비즈니스 리더들이 협상과 갈등에 대한 이런 '윈-윈' 방식을 선호한다.

부모들은 자녀와 말다툼이 벌어지면 이기는 것에 관심을 집중한다. 부모로서 당연히 자녀에게 존중받을 자격이 있다는 생각 때문이다. 하지만 이런 태도는 자녀와의 갈등을 교착 상태로 만들거나, 아니면 자녀가 다 포기하고 부모의 완고함을 원망하게 만들 뿐이다. 부모가 자신의 자격이나 위치를 지키려하기보다 자녀의 말에 귀 기울이며 자신이 어떤 관점을 갖고 있는지 이해시키는 데 집중한다면, 자녀와의 관계를 긍정적으로 쌓아나가면서 서로 만족스러운 결론에 이를 수 있을 것이다.

다른 누군가가 우리보다 더 많은 것을 갖거나 우리와의 갈등에서 승리한다면, 자격에 대한 집착이 그 사람을 고소하라거나 응징하라는 쪽으로 생각을 이끌어갈 것이다. 때로는 그게 적절한 대응일 수 있지만, 그보다는 자기 자존심을 지키려는 몸부림인 경우가 더 많다. 사회적으로 이기거나 지는 승패 여부에 당신의 자긍심이 흔들리지 않는다면, 자격에 대한 집착을 적극적으로 밀어낼 수 있다.

스스로 자격에 대한 집착을 멀리하는 것뿐 아니라, 우리 자녀가 혹은 우리 사회의 리더들이 이런 부정적인 힘을 극복할 수 있도록 요구해야 할 때도 있다. 그들이 필요하지도 않은 특권을 요구하며 자신의 문제를 다른 사람 탓으로 돌리며 적대적인 태도를 보인다면, 그들에게 개인적으로 책임져야 할 부분을 책임지도록 할 수 있을 것이다.

이것은 모든 면에서 자녀가 '1등'이 되길 바라는 부모의 욕망을 접어둬야 한다는 뜻일 수도 있다. 리더로서는 우리 사회나 집단이 다른 이들보다 더 무언가를 가질 자격이 있다는 유혹을 거절해야 한다는 뜻일 수 있다. 아이들이 자신이 가져야 할 자격에 집착하기보다 문제를 해결하고 장애물을 극복하는 쪽으로 관심을 기울이도록 도와주자.

나무보단 숲을 보자

임시방편을 택하고 싶은 마음이 크더라도, 자신이 중요하게 여기는 목적을 장기적으로 바라볼 수 있어야 한다. '더 높이 바라보는 것'이 과도한 생각을 극복하는 하나의 방법이다. 만약 내가 어떤 단체의 리더라면, 단기적인 해결책을 제안하기보다 장기적으로 지역사회 문제를 해결할 프로그램에 집중하자고 요구하는 것이다. 소비자로서는 만약 주식시장에서의 빠른 수익이 기분을 잠시 나아지게 만들지만, 그게 임시방편에 불과하다는 사실을 알아차릴 수 있어야 한다. 또한 임시방편 해결책을 거부하고 시간이 좀 걸리더라도 더 오래 지속될 수 있는 방법을 찾기 위해 노력해야 한다.

우리 아이들에게 문제에 대한 임시방편적 접근 방식을 강화하기보다 장기적으로 기술과 힘을 쌓아가는 것의 가치를 알려주자. 예를 들어, 아이들이 물어보는 어려운 문제에 간단히 답을 알려주기보다, 그들에게 적절한 격려와 도움을 제공하며 직접 풀게 함으로써 필요한 기술을 익히도록 하는 것이다. 자녀들 사이에 일어나는 갈등에 직접 뛰어들어 해결하기보다, 아이들이 서로 더 대화하고 자기들끼리의 해법에 이를 수 있도록 도와줄 수도 있을 것이다.

우리가 너무 바쁘다는 이유로 자녀들에게 임시방편을 적용하는 경우가 적지 않다. 하지만 아이들은 빠른 길을 택해도 괜찮다는 메시지를 끊임없이 받게 되고, 다른 문제가 있을 때도 그렇게 하면 되겠다는 잘못된 일반화에 이를 수 있다. 좋은 성적을 받기 위해 남의 답을 베끼고, 운동을 더 잘하려고 혹은 정신을 더 맑게 하려고 혹은 기분이 좋아지기 위해 약물을 사용할 수도 있다.

자녀들이 뭔가를 장기적으로 쌓아 나가도록 하려면 시간이 걸린다. 그들이 성장할 때 제시되는 수많은 임시방편들을 거부하도록 가르치는 것이 부모 노릇의 핵심 과제다. 장기적으로 바라볼 수 있다면, 삶을 위해 더 나은 결정을 할 수 있을 것이며, 좌절을 좀 더 수월하게 받아들일 수 있을 것이다. 그럼 너무 많이 생각할 일도 훨씬 줄어든다.

생각을 줄이고 자기 인식을 바꾸자

너무 많이 생각하는 여자들의 성향을 다스리는 한 가지 방법은 생각할 거리를 줄이는 것이다. 아내가 하는 일을 존중하지 않는 남편이나 부적절한 급료 같은, 고질적인 스트레스가 될 수 있는 일상생활의 스트레스를 줄여야 한다.

여자들은 지난 수십 년간 이런 것들을 쟁취하기 위해 싸워왔다. 아직도 완전히 해결되지 않은 문제지만, 그렇다고 해서 그게 여성 운동이 실패했다는 뜻은 아니다. 동등한 보수, 관계에서의 평등, 여성 폭력에 반대하는 여성 인권 면에서 지난 수십 년간 커다란 개선이 이루어졌다. 다만 갈 길이 아직 많이 남았을 뿐이다.

시민으로서 우리는 진보적인 리더를 선택하고, 성차별에 반대하는 법률 제정을 지지하고, 가정 폭력 희생자들을 위한 쉼터를 지원하고, 여성 폭력에 대한 '엄중 처벌 정책'을 채택하고, 여자들이 직면하는 부정적인 사회 조건들을 극복하기 위한 법안 발의를 후원함으로써 여전히 여자를 억압하고 있는 힘에 맞서 싸울 수 있다.

여자를 생각의 늪에 묶어놓는 요인에 외부적인 힘만 있는 것은 아니다. 주변 사람들을 보살펴야 하는 사람으로서 자신을 인식하는 여자들은 늘 불안과 걱정과 절망이 끊이지 않는다. 과도한 생각을 제거하려면 이러한 자기 인식이 달라져야 한다. 자신의 안에 있는 모습을 스스로 알아차리는 것은 힘들 수 있지만, 다른 여자들의 눈을 통해 서로에게서 그걸 발견할 수 있을 것이다.

개인적인 우정이나 사회 활동을 통해 다른 여자들과의 관계를 발전시키면, 그들이 바라보는 자신의 모습을 알 수 있으며 자신이 어떤 부정적인 자기 인식으로 과도하게 생각을 부채질하고 있는지 깨달을 수 있다. 특정 집단에 합류하여 자신을 돌보는 것과 타인을 돌보는 것 사이의 균형을 맞출 수 있도록 다른 여자들을 교육할 수도 있다.

대부분의 여자들은 딸들의 정서적인 측면을 잘 양육한다. 그들의 감정에 관심을 기울이고 표현을 장려한다. 그들에게 걱정이 있으면 같이 걱정한다. 그런데 적극적인 대응 방법을 가르치는 면에서는 그리 훌륭하지 못하다. 자기 감정과 걱정을 표현하는 수준에서 그 걱정을 야기한 문제 해결 쪽으로 이동하는 방법을 가르쳐야 한다. 이 책의 전략들을 이행하고 딸에게 가르침으로써 그들을 도울 수 있다.

과도한 생각에 빠지는 길은 많지만 거기서 빠져나오는 길도 많다. 너무 많은 생각에 얽매이는 성향을 이겨내면 더 만족스럽고 성공적인 삶을 만들어나갈 수 있을 것이다. 그럼 개인적으로나 사회적으로도 훨씬 더 나아갈 수 있다.

과도한 생각, 걱정, 불안을 멈추는 심리 처방전

내 머릿속은 왜 항상 복잡할까

인쇄일 2025년 4월 10일
발행일 2025년 4월 17일

지은이 수잔 놀렌-혹스마
옮긴이 나선숙
펴낸이 유경민 노종한
책임편집 구혜진
기획편집 유노라이프 구혜진 **유노북스** 이현정 조혜진 권혜지 정현석 **유노책주** 김세민 이지윤
기획마케팅 1팀 우현권 이상운 **2팀** 이선영 최예은 전예원 김민선
디자인 남다희 홍진기 허정수
기획관리 차은영
펴낸곳 유노콘텐츠그룹 주식회사
법인등록번호 110111-8138128
주소 서울시 마포구 월드컵로20길 5, 4층
전화 02-323-7763 **팩스** 02-323-7764 **이메일** info@uknowbooks.com

ISBN 979-11-94357-16-2 (03180)